하나님이 보낸 사람

하나님이 보낸 사람

지은이 이민교
펴낸이 김명식
펴낸곳 (주)넥서스

초판 1쇄 인쇄 2015년 3월 15일
초판 1쇄 발행 2015년 3월 20일

출판신고 1992년 4월 3일 제311-2002-2호
121-893 서울시 마포구 양화로8길 24
Tel (02)330-5500 Fax (02)330-5555
ISBN 979-11-5752-286-6 03230

www.nexusbook.com
넥서스CROSS는 (주)넥서스의 기독 브랜드입니다.

하나님이 보낸 사람

이민교 지음

넥서스CROSS

From _____

To _____

하나님이 보낸 사람

우리 모두는 하나님이 보낸 사람이다.

"하나님께로부터 보내심을 받은 사람이 났으니 이름은 요한
이라"(요 1:6)

산속에 살았던 물고기를 전라북도 남원으로 보내고, 소록도로 보내
고, 우즈베키스탄으로 보내고, 카자흐스탄으로 보내고, 북녘 땅으로 보
내고, 땅 끝으로 보내고….

정말 하나님이 나를 이곳에 보내셨을까? 아니면 내가 원해서 가고
있는 것일까? 이 땅은 나의 원함대로 되는 것일까? 아니면 하나님의 뜻
대로 되는 것일까?

사람은 왜 죽을까? 죽는 것이 인생의 종점이라면 산다는 것은 수단일까? 사람이 죽으려고 산다면 왜 태어났을까?

중학교 2학년 때 〈사랑의 스잔나〉라는 한 편의 영화로 시작된 물음이다. 종교심이 유난히도 강했던 부모님의 신앙 따라 어렸을 때부터 엄마의 손에 이끌려 장례식장을 많이도 따라다녔다. 울음과 통곡이 지속되던 장례식장을 다니며 '죽음 너머에는 무엇이 있기에 사람들은 죽음 앞에서 저리도 슬퍼하는 것일까?'라고 생각했다.

그래서 나는 스물 즈음에 죽음 이후의 삶을 찾기 위해 무당을 좇아 계룡산을 가고 한국의 민족종교인 천도교, 증산교, 원불교를 찾아가고, 길거리의 행려자들과 살아 보고, 부산 당감동 화장터와 서울 벽제 화장터를 다녀 보기도 했다. 다양한 죽음 너머의 삶을 찾았던 고행의 여정으로 이끌림을 받았다.

나는 왜 건강한 사람으로 태어났을까?

선천적 장애인들은 자신들이 원해서 그렇게 태어났을까?

이러한 물음 앞에 건강하게 태어난 것이 미안해서 육신에 빚진 마음으로 소록도를 찾아갔다. 천형(天刑), 하늘이 내린 병! 왜 이 땅에 나병 환자가 있는가?

불교의 교리가 뼛속 깊이 내재해 있던 나는 소록도에서 한센병으로 살고 있는 환자들에게 다음 생에 건강한 사람으로 태어나도록 부처님의 인과론과 윤회설을 전했다.

건강한 것이 미안해서 나병 환자가 되고 싶었던 소록도에서 마침내 임신(姙神), 즉 신이 임했다.

소록도를 다닌 지 약 7년 만에 소록도 법당 안에서 목탁을 치다가 염불 대신 찬양으로 하나님의 신, 성령이 찾아왔다. 죽음을 기쁨으로 맞이하는 소록도 나병 환자들의 장례식에서 끊임없이 들었던 찬송가 가사가 주님의 성령으로 법당 안에서 목탁을 치고 있던 나를 습격했다.

귀신들이 많다고 표현하는 법당 안에도 전지전능하시고 무소부재하시는 하나님은 살아계셨다. 살아계신 하나님은 만왕의 왕이셨다. 만왕의 왕이신 하나님은 지금도 나와 함께하신다. 죽음을 축제로 맞이했던 소록도 나병 환자들의 화장터에서 울려 퍼진 환송식! 그 기쁨의 찬송이 결국 하나님을 웃게 만들었다.

복음에 빚진 사람으로 살았던 이민교의 구속사적인 관점의 새로운 책이 세상에 태어나도록 산파의 역할을 해 주신 넥서스크로스 대표님께 감사를 드린다.

특별히 사람을 좋게 하는 자가 아니라 하나님만을 기쁘시게 하는 하늘 사람으로 살아갈 수 있도록 하늘의 동역자가 되어 준 동그라미 가족(요환, 승리)과 북한농아축구팀이 스스로 하나님의 사랑을 받았다고 하는 것을 감히 거부하지 못하도록 안내해 준 사랑가족(규은, 규현, 규원)에게 감사하다.

　하나님이 웃는 사람, 하나님이 필요한 사람, 하나님을 웃게 하는 사람, 하나님을 필요로 하는 사람, 하나님의 비밀을 간직한 사람, 하나님의 동업자 천국독립군 등 하늘나라 연합군들에게 이 책을 바친다.

광복 70년이 되는 2015년 봄날에
산속에 살았던 물고기
이민교

하나님이
보낸 사람

1부

산속에 살았던 물고기,
물음을 만나다

소록도에 첫발을 내딛은 지 7년이 되던 어느 날,
하늘의 빛이 찾아왔다. 하늘의 신이 성령님이 나에게 찾아왔다.
염불이 찬송으로, 나의 원함이 아니라 그분의 뜻대로….

빚진 마음

　　내가 태어나고 자란 전라북도 남원의 집 근처에는 고아원이 있었다. 주위 사람들에게 고아원 이야기를 많이 들어서였는지 처음 말을 배울 때에도 "고아원, 고아원" 하면서 말을 시작했다고 한다. 아직도 부모 없는 아이들의 낡은 옷차림, 세수를 하지 않아 땟물이 흐르는 얼굴, 배가 고파 헐떡거리던 아이들의 모습 등이 생각이 난다. 중학교에 들어가서는 고아원 아이들이 불쌍해서 먹을 것과 입을 것들을 많이 챙겨주곤 했다. 고등학교 때는 입고 있던 옷, 신고 있던 신발을 벗어 주는 일도 있었다. 이러한 마음은 아마도 부모님에게 물려받은 것 같다.

　　내 아버지는 일본에서 사범대를 졸업하신 학자셨다. 교장 선생님으로 정년퇴직하셨던 아버지가 선비 같았다면 어머니는 남원 원불교의 살림을 맡아 하실 정도로 여장부셨다. 아버지와 어머니는 가난하고 몸이 불편한 사람들을 긍휼히 여기는 마음이 참 각별하셨다. 원불교적인 집안 분위기와 종교심이 남달랐던 부모님의 영향으로 나는 유독 생명을 소중히 여기는 아이로 자랐다. 사람이든 짐승이나 식물이든 고통받는 것들에 대해 불쌍히 여기는 마음이 컸는데 아마 고아원 아이들을 생각하는 마음도 그래서 생기게 된 것이리라.

초등학교에 들어갔을 때였다. 같은 반에 유독 눈에 띄는 아이가 있었다. 그 아이는 우리 집 근처 고아원에서 살았고 제대로 먹지 못해 야윈 모습이었다. 무엇보다 다리가 불편해 절뚝이며 걸었다. 친구들과 신나게 뜀박질하며 뛰어놀다가도 그 아이가 지나가는 것을 보면 나도 모르게 문득 멈추게 되었다. 왠지 미안한 마음이 들었다. 풍족하진 않지만 부모님께 사랑받으며 건강한 두 다리로 신나게 뛰어노는 것이 그 아이에게 얼마나 미안하던지. 그 미안한 마음 때문에 먹을 것을 나누며 친구가 되었다. 하지만 배고픔은 내 것을 나누면 조금은 없어지겠지만 그것도 그때뿐이었다. 고아이자 몸이 불편한 그 친구가 살아가는 힘겨운 세상이 나는 도무지 이해가 되지 않았다.

'왜 나는 건강한 사람으로 행복한 가정에 태어났을까?'

팍팍한 세상을 살아가는 친구를 보고 느꼈던 몹시도 미안했던 마음은 그렇게 나에게 질문을 남겼다.

물음을 품고

　　　　남원의 집은 어머니가 직접 지휘하여 건축한 한옥이었는데 얼마나 튼튼한지 세월이 많이 흐른 지금도 아주 멋스럽다. 어머니는 그 집에서 아침저녁으로 목탁을 치고 염불을 하셨고 그곳에서 우리 7남매는 원불교의 가르침을 배우고 익혔다. 그런 집안 분위기 아래에서 나는 어릴 때부터 자연스럽게 원불교(圓佛教)에 다녔고 법당에 앉아 목탁 치며 염불하는 일을 좋아했다.

　　나에게는 두 명의 형님과 네 명의 누님이 있다. 그 형님들과 같은 방을 쓰던 시절 형님의 책상 앞에는 항상 이런 질문이 붙어 있었다.

　　'나는 누구인가?'

　　'왜 사는가?'

　　'어떻게 살 것인가?'

중학교 2학년 어느 날 한 편의 영화로 인해 형님들 책상 앞에 붙어 있었던 질문이 내 가슴을 뛰게 했다. 당시에는 전교생이 극장에서 단체 관람을 했는데 그때 본 영화가 〈사랑의 스잔나〉였다. 여자 주인공 스잔나는 뇌종양에 걸려 6개월밖에 살 수 없었다. 뒤뜰에 있는 은행나무 잎이 다 떨어질 즈음이면 자신은 죽을 것이라며 처음에는 슬퍼했다. 하지만 이내 죽음을 받아들이고 그 죽음을 맞이할 준비를 하기 시작했다. 그리하여 살면서 미워하고 다투었던 사람들에게 용서를 구하고 화해하며 병마의 고통과 죽음의 불안 가운데에서도 스잔나는 사랑하는 이들과 함께 위로와 기쁨을 누렸다. 자기가 언제 죽을지를 알기 때문에 하루하루를 귀하게 살았다. 그리고 마지막 나뭇잎이 떨어지던 어느 날 스잔나는 예고대로 죽음을 맞이했다.

그리고 그동안 내가 갔었던 수많은 장례식장의 모습들이 떠올랐다. 나는 늦둥이 막내였던지라 아주 어렸을 때부터 엄마가 가는 곳이면 어디든 따라다녔는데 그중 하나가 장례식장이었다. 엄마 손을 잡고 따라갔던 그 장례식장에는 늘 울음이 있었다. 통곡과 슬픔, 회한으로 뒤범벅되어 있던 죽음만을 봐왔던 나에게 영화 〈사랑의 스잔나〉의 장례식은 참 평온했다.

'왜 그럴까?'

'나도 죽음을 미리 알고 죽을 수는 없을까?'

그때부터였다. 어릴 적 엄마 손에 따라갔던 장례식장을 내 발로 찾아다녔다. 그리고 '사는 것'에 대해 고민하던 나는 '죽는 것', 즉 '죽음'으로 눈을 돌리기 시작했다.

'왜 죽을까?'

'죽으려면 왜 태어났을까?'

본격적으로 인생에 관한 철학적인 물음 앞에 서게 된 것이다. 죽을 수밖에 없는 인생을 비관하는 염세와는 달랐다. 사람이 살고 죽는 데 어떤 뜻이 있고 살아가는 데 있어서 뭔가 '소망'을 발견하고 싶은 갈망이 내 안에서 꿈틀거렸던 것 같다.

'나도 죽음을 미리 알고 죽을 수는 없을까?'

'잘 죽는 것이 잘 사는 길이 아닐까?' 하는 막연한 깨달음을 주었던, 조금은 이상할 수도 있는 이 물음은 고등학교, 대학교에 이를 때까지 집요하게 내 청년의 삶을 이끌어갔다.

왜 나에게 이런 일이

고등학교 2학년 가을, 반장이었던 나는 같은 반 친구의 동생이 뇌염으로 갑자기 세상을 떠난 것을 알게 되었다. 사람이 죽으면 당연히 문상을 가는 것이고, 빈손으로 가면 안 된다고 알고 있었기에 반장으로서 담임 선생님께 부의금을 요청했다. 그런데 학칙에는 학생 본인이나 부모 외에는 부조한다는 조항이 없다고 하셨다. 친구의 가정 형편이 어려웠기 때문에 꼭 돕고 싶었던 나는 교장 선생님에게까지 찾아가 말씀드렸으나 어렵고 힘든 학생의 형편을 외면하는 교장 선생님을 이해할 수가 없었다.

"교장 선생님의 역할이 무엇입니까? 전교생의 아버지가 아니십니까?"

너무 속상한 마음에 이렇게 따져 묻기까지 했지만 소용이 없었다. 대신에 나는 반 아이들을 설득해 한 사람당 50원씩 걷어 부의금을 모아 친구의 집에 문상을 갔다. 친구의 집은 남원을 벗어나 지리산 가는 길목에 있었다. 그렇게 친구 집에 문상을 갔다가 돌아오는 길에 사고가 일어났다.

버스가 남원에 도착했다는 말에 우리는 버스에서 내렸다. 그날따라 나는 무엇이 급했는지 내리자마자 건너편으로 길을 건너려고 곧장 타고 온 버스 앞쪽을 가로질러 내달렸다. 그때였다. "빵~"하는 소리와 함께 어디선가 갑자기 나타난 육중한 트럭이 나를 사납게 들이받아 버렸다. 뒤따라오던 트럭이 버스가 멈춘 그새를 못 참고 추월을 한 것이었다. 정말 순간이었다. 다리도 부러지고 온몸에 성한 데가 없을 정도로 중상을 입었다. 다행히 시골 도로변의 도랑에 떨어져 목숨을 건진 것이었다. 아마 아스팔트 도로 위에 떨어졌다면 그 자리에서 죽었을 거라고 사람들은 말했다.

뜻밖의 엄청난 교통사고로 나는 남의 아픔을 안타까워하던 위로자에서 육체적 고통의 당사자가 되었다. 죽음을 애도하던 손님에서 죽음의 경계까지 갔다 온 죽음의 주인공이 되었다. 더 이상 아픔은 남의 아픔이 아니요, 죽음도 남의 죽음이 아니었다. 고통과 죽음이 온전히 내 문제로 내 앞에 떨어진 것이었다.

'착한 일을 하고 오던 길이었는데… 왜 사고가 났을까?'

'나는 어디서 와서 또 어디로 가는 존재인가?'

'나는 언제 죽는가?'

'죽고 나면 어떻게 되는가?'

남원시 도립병원에 입원해 있던 달포 동안 이런 생각들이 내 머릿속에 계속 맴돌았다. 병원에 원불교 교도들이 문병을 많이 오셨다. 그분들은 하나같이 이런 말로 나를 위로했다.

"전생에 교통사고 당할 일을 했기 때문에 이생에 교통사고라는 과보(果報)를 받은 것이란다. 네가 사고 난 건 다 정해진 업이고 그렇게 될 수밖에 없는 정업(定業)이란다."

석가모니 역시 '정업(定業)은 불멸(不滅)한다'며 이미 정해진 과업은 부처인 나도 받을 수밖에 없다고 말했기 때문이다. 그때 일어난 교통사고가 전생에 정해진 일이라면 피해갈 수 없었던 일이니 너무 속상해 하거나 힘들어하지 말라고 그분들은 나를 위로하셨다. 하지만 그 말이 전혀 위로가 되지 않았다. 나는 그 말을 받아들이기가 어려웠다.

'내가 나쁜 일을 하다 그렇게 된 것도 아니고, 친구 동생 조문을 다녀오다 교통사고를 당했는데 그게 왜 나의 정업이란 말인가?'

이 물음이 계속 떠나지 않았다. 병원을 퇴원한 후에도 나의 고민은 계속되었고 그 사고 이후, 나는 오랫동안 방황을 했다.

나는 친구들에게 가진 것을 나눠 주는 일도 부지기수였다. 집이 나름 넉넉한 편이라 전에도 가끔 내 물건을 친구에게 주기도 했지만, 교통사고를 당한 후부터는 더욱 흔한 일이 되었다. 신발 없이 다니는 친구에게는 신발을 벗어 주고, 철이 바뀌어도 새 옷을 사 입지 못하는 친구에게는 입고 있던 옷을 벗어 주었다. 집에 돌아와서 잃어버렸다고 말하면 어머니는 다시 사 주시곤 했다. 그러다 친구들이 내가 준 옷을 입고 오거나 신발을 신고 우리 집에 놀러올 때가 있었는데, 그럴 때면 어머니의 얼굴에는 당황스러운 표정이 역력하셨다.

사람들이 인생에서 가장 중요한 때라고 말하는 고등학교 시절을 나는 부모님의 걱정을 뒤로하고 공부보다는 방황 속에서 '나는 누구인가?' '왜 사는가?'에 대한 고민을 하며 차원 높은 철학자가 되어 가고 있었다.

크리스마스에 찾아간
소록도

1981년 겨울, 고등학교를 졸업할 무렵이었다. 인생의 물음 앞에 고민하고 있던 나에게 원불교의 정녀가 된 누나가 이렇게 말을 건넸다.

"사람이 살면서 꼭 가 봐야 할 곳이 있는데, 그곳에 가면 네 인생의 문제를 해결할 수도 있지 않을까?"

그곳이 바로 작은 사슴나라 소록도였다. 거리에 크리스마스 분위기가 물씬 풍기던 어느 날, 나는 소록도로 가는 배에 몸을 실었다. 소록도는 전라남도 고흥에 있는 섬이다. 섬 전체가 병원으로 관리되는 특별한 곳으로, 이른바 나병 환자, 요즘 말로 한센병에 걸린 사람들이 모여 살아온 섬이다. 내가 소록도에 간다고 했을 때, 아버지는 나에게 신신당부를 하셨다. 당시만 해도 사람들이 나병에 대해 무지한 탓에 나병균이 공기로도 옮는다고 생각했다. 그러니 한센병 환자 앞에서는 숨도 크게 쉬지 말라고 하셨다. 내심 두렵고 긴장했는지 소록도로 들어가는 내내 어지럼증과 울렁증으로 몹시 힘들었던 기억이 난다. 내가 나병 환자가 아닌 그 자체가 감사했다.

기독교인들만 살고 있다는 소록도에서 국립 소록도 병원의 약사로 일하는 원불교 교무를 만나게 되었다. 소록도는 병원 직원들과 간호사들이 사는 1번지와 환자들이 사는 2번지로 나뉘어 있다. 1번지에 들어서자 원불교 법당이 눈에 띄었다. 가정집이라고 해도 될 정도로 규모가 작았다.

소록도에서 지낸 첫날밤, 교무님이 내게 부처님의 3난(三難)에 관한 불교의 법문을 설명해 주었다. 부처도 어렵다고 말했던 세 가지에 대한 유명한 법문이다.

첫째는 사람으로 태어나는 것이 어렵고, 둘째는 사람으로 태어났지만 건강하게 태어나는 것이 어렵고, 셋째는 불법회상(佛法會上)을 만나는 것, 즉 부처를 만나는 것이 어렵다는 말씀이다.

부처님의 법문을 듣는 순간, '아하' 부처님이 어렵다고 한 것을 나는 다 했으니 세상에 어려울 것이 없겠다는 생각이 들었다. 그렇다. 나는 사람으로 태어났고, 건강했고, 부처도 알고 있었다. 분명 교만한 생각이었지만, 그때까지 나를 괴롭혔던 울렁증과 두려움이 사라지고 오히려 자신감이 생겼다. 그리고 이 '불쌍한' 사람들, 사람으로 태어났으나 건강하지 못한 한센병 환자이면서 부처를 알지 못하는 이 사람들에게 내가 아는 부처를 알려 주고 싶다는 생각이 간절해졌다.

다음 날, 소록도에서 크리스마스이브 아침을 맞았다. 원불교 법당을 찾아오는 사람은 한 명도 없었고, 사람들은 모두 교회로 가는 것 같았다. 그런데 소록도 병원의 간호사가 크리스마스 행사에 간다면서 나에게도 함께 가자고 했다. 그곳에 한센병 환자들이 모여 있다고 했다. 내가 그러겠다고 대답을 하고 따라나서는데, 교무님이 나를 붙들고 한 가지 당부를 하셨다.

"한센병 환자들이 모여 있는 곳에 가서 환자들을 외면하지 마라."

당시에는 사람들이 한센병 환자를 보면 징그럽고 퀴퀴한 냄새도 나서 그 앞에서 무례하게 침을 많이 뱉었다고 한다. 한센병 환자를 본 것이 기분 나쁘다는 것이었다. 나는 예의를 지키겠다는 다짐을 하고 소록도 2번지로 향했다.

그날 간 곳은 뜻밖에도 가톨릭 성당이었다. 그날 나는 난생처음 성당이란 곳에 가 봤다. 교회 문턱도 밟아 본 적 없던 나는 어리둥절했다. 그때는 교회와 성당의 차이도 몰랐을 때였다.

나는 신부님이 미사를 집전하는 단에서 가급적 멀리 떨어진 입구 쪽에 자리를 잡고 앉았다. 한센병 환자들이 그렇게 많이 모여 있는 것도 처음 보았다. 그런데 미사 중에 한센병 환자들이 갑자기 일어서더니 신부님을 향해 줄지어 서는 게 아닌가. 그 앞에서 입을 벌리고 있으면 신부님이 입속에 무언가를 하나씩 넣어 주셨다.

　호기심에 나도 그 대열에 합류했다. 사실 나는 한센병 환자에게 약을 나눠 주는 것인 줄 알았다. 혹시나 한센병에 전염되면 어쩌나 내심 두려우면서도 순진하게 그것을 받아먹으면 혹시 나병균으로부터 보호되지 않을까 생각했던 것이다.

　내 차례가 되자 나는 눈을 질끈 감고 입을 크게 벌렸다. 예방약이나 치료제인 줄 알고 먹었는데 입속에서 느껴지는 맛은 딱딱하지 않고 의외로 부드러웠다. 입안에서 살살 녹더니 목구멍으로 넘어가는 것이 아무래도 약 같지는 않았다. 나중에 알고 보니 가톨릭에서 성찬 예식 때 먹는 밀떡이었다.

　처음 찾아간 소록도에서 성찬 예식에 참예하여 예수님의 살을 상징하는 생명의 떡을 먹었다는 것은 아마도 나를 예수께로 이끄시는 하나님의 계획을 미리 귀띔해 주는 복선이 아니었나 생각해 본다.

소록도 속으로

　　　　부모님은 어린 시절부터 죽고 사는 인생의 법리를 찾고 싶어 하는 종교적인 갈망이 컸던 나를 큰 스님이 될 재목으로 생각하셨던 것 같다.

　대학 진학을 놓고 고민을 하던 나는 소록도에서 한센병 환자들을 만난 것을 계기로 진로를 결정할 수 있었다. 집안의 기대 속에 원불교 재단의 대학인 원광대학교 물리학과에 들어간 것이다. 나는 큰스님이 되기 위해서는 삼라만상의 물리부터 깨우쳐야 한다고 생각했기 때문이다. 지금까지 원불교 가정에서 나고 자라며 보고 배워 온 불교적 가르침으로 세상 속에서 직접 구도의 삶을 살며 깨달음을 얻어야 된다고 생각했다. 그때 내가 발견한 세상은 소록도였다. 마음의 큰 울림에 따라 나는 저돌적으로 밀고 나갔다.

나는 우선 머리를 삭발하고 목탁을 치며 염불하는 생활을 시작했다. 그리고 소록도에 가서 원불교를 개척하는 일원이 되어 나병 환자들에게 원불교를 전하고자 했다.

처음으로 부처를 전하려던 때였다. 나는 부둣가에 서서 소록도로 들어오는 배를 기다렸다. 그 배에는 어느 날 갑자기 나병에 걸려 소록도에 오는 사람들이 타고 있었다. 그때 내가 처음 만난 사람은 초등학교 교장 선생님이었다. 예순두 살에 문둥병에 걸려서 실려 들어온 것이다. 또 다른 사람은 육군 중사로 직업군인을 하다가 갑자기 나병이라는 병명으로 실려 들어오기도 하고, 어떤 친구는 전남 광주에 있는 광주일고 2학년 학생이었는데 배에 실려 들어 왔다. 나는 그들에게 다가가 말을 건넸다.

"당신이 왜 나병에 걸렸는지 아세요?"

힘없이 지나가는 그들 가까이로 다가가 말했다.

"전생에 지은 죄 때문입니다. 그렇기 때문에 이생에서 부처님을 믿고 다음 생에는 꼭 건강한 사람으로 태어나야만 하는 것이지요."

나병 환자가 되는 원인을 전생에 지은 과업, 특별히 나병은 산과 들에 있는 벌레들을 불로 태우면 받는 과업 때문이라고 설명해 주었다. 그러면서 다음 생에 나병 환자가 되지 않으려면 이 땅에 사는 동안 부처를 믿고 선한 일을 많이 해야 한다고 불교의 인과론을 열심히 전했다. 내 말을 듣고도 교장 선생님과 고등학생은 시무룩하게 그저 지나갔지만 육군 중사는 버럭 화를 내며 나에게 덤벼들었다.

"야, 이 새끼야! 문둥이 된 것도 화나 죽겠는데 전생의 죄 때문이라고?"

그러고는 마치 화풀이라도 하듯이 나를 흠씬 두들겨 팼다. 나는 주먹질에 발길질까지 얻어터지고도 씩씩거리며 돌아서는 군인의 등 뒤에서 합장을 했다.

"부처님의 자비가 있기를….".

중생들이 아직 자신의 죄를 모르기 때문에 그런 것이라고 생각하며 오히려 더 불쌍히 여겼다. 하지만 그런 수난은 시작일 뿐이었다. 나병 환자들에게 전생의 죄 때문에 나병에 걸렸으니 다음 생에 건강하게 다시 사람으로 태어나기 위해 부처의 가르침을 잘 따라야 한다고 전할수록 한센병 환자들은 나를 몹시 싫어했다. 급기야 그 군인처럼 나를 때리기까지 했다.

부처를 믿으라고 하면 하도 때리니까 나중에는 나병 환자이면서 맹인들만 지내는 소록도 맹인 병동에 주로 가게 되었다. 혹 그들이 때릴라치면 빨리 도망을 갈 수 있었기 때문이었다. 그 시절 나는 나대로 곤욕스러웠고 그들은 그들대로 내가 참 골칫덩이였던 것이다.

그렇게 나는 소록도에 가면 주로 맹인 병동에 머물렀다. 특별히 '나병에 걸린 데다 맹인까지 되었으니 얼마나 죄가 많았겠느냐'라고 생각하면서 어떻게 해서든 부처를 전하려는 속셈으로 그들을 참 열심히 섬겼다. 하지만 아무리 애를 써도 소록도의 어르신들은 내가 전하는 부처를 쉽사리 받아들이지 않았다. 그들은 나의 인간적인 사랑만 받아들이고 오히려 나를 더 불쌍히 여겼다. 나는 결국 따지듯 반문했다.

"병에 걸린 할아버지, 할머니가 불쌍하지 건강한 내가 왜 불쌍하냐?"

그러면 으레 이런 답이 돌아왔다.

"우리는 예수를 믿어서 행복하단다…. 예수를 믿지 않는 성민이 네가 더 불쌍하구나."

그 당시 나의 법명은 이성민(性敏)이었다.

예수 믿는다는 게 뭔지는 모르겠지만, 그래도 한센병 환자인데 행복하다는 게 말이 되는가? 나는 마음대로 육지에 나갈 수 있고, 부모님도 계시니 내가 더 행복한 게 당연하지 않은가! 나로서는 그들이 도무지 이해되지 않았다. 나는 그런 소리를 들으면 들을수록 더욱더 열심히 그들을 섬겼다. 하지만 아무리 애를 써도 소용이 없었다. 그러자 이런 생각까지 들었다.

'아, 이분들이 내가 건강하니까 내 진심을 몰라주는구나. 나도 문둥이가 되면 부처님의 윤회설을 알아주지 않을까?'

나병에 걸리면 몸에 붉은 반점이 생기기도 하고 손가락이나 발가락이 떨어지기도 하지만 눈썹이 빠지는 것도 하나의 증상이다. 나는 한센병 환자가 되고 싶은 마음에 눈썹을 밀었다. 그러고는 맹인 병동으로 찾아가서는 시각장애인 할머니의 손을 내 눈썹에 대면서 말했다.

"할머니 제 눈썹이 없어졌어요. 저도 나병에 걸린 것 같아요. 할머니같이 문둥이가 된 것 같아요."

내 마음을 알아주고 나를 동정해주리라 기대했던 내 예상은 완전히 빗나갔다.

"쯧쯧…, 젊은 사람이 이제 예수를 믿을 때가 되었네."

눈썹은 한 번 밀면 6개월이 지나야 겨우 제 모습을 찾는다. 눈썹을 세 번 밀면서까지 할머니, 할아버지에게 다가갔지만 소용이 없었다. 그러자 이번에는 그들의 침을 핥아먹어 보았다. 침에 나병균이 가장 많다는 말을 들었기 때문이다. 정말 나병에라도 걸릴 작정이었다. 하지만 그것도 생각처럼 쉽지가 않았다. 내가 그들 앞에서 애를 쓰면 쓸수록 그들은 나를 더 안쓰럽게 생각했다. 내가 무슨 말을 하고 무슨 짓을 해도 변함없이 말했다.

"내가 문둥이가 된 것은 하나님이 나를 예수 믿게 하기 위함이란다…. 그래서 지금은 예수 믿고 행복하단다. 왜냐하면 나는 하나님과 함께 영원히 살 수 있으니까."

나는 예수가 누구인지 몰랐지만 어느새 내 머리에는 '예수 믿으면 행복하다고… 예수는 곧 행복'이라는 말이 새겨졌다. 소록도 할머니, 할아버지들이 이구동성으로 변함없이 나에게 말해 주었기 때문이다. 게다가 나는 건강한 몸으로 그들에게 부처를 전했지만 그들은 병자의 몸으로 나에게 예수를 전하니 어떻게 상대가 되겠는가!

그렇다고 그들이 전하는 예수를 믿고 싶지는 않았다. '기독교는 서양에서 들어온 종교인데 왜 한국 사람이 서양 종교를 믿어야 되는가?'라고 생각하며 오히려 내 마음은 더욱 강하게 저항했다.

어느 날 소록도에서 맹인 하모니카 합주단 연주를 듣게 되었다. 할아버지는 하모니카 연주를 굉장히 잘 하셨다. 교회에 다니는 이홍수 집사님이었는데 소록도에 찾아오는 사람들에게 찬양 연주를 들려주신다고 했다. 그 연주를 듣고 있으니 나도 모르게 감동이 밀려왔다. 한 곡도 아니고 메들리로 여러 곡을 악보도 없이 줄기차게 연주하시는 것도 놀라웠다. 할아버지는 전혀 앞을 보지 못하는데도 찬송가는 물론 성경 〈창세기〉부터 〈요한계시록〉까지 줄줄이 외우셨다. 몇 장 몇 절 말하면 바로 요절이 나왔다. 나는 하도 신기해서 물었다.

"할아버지! 어떻게 그렇게 성경을 다 아세요?"

"간호사한테 시간 날 때마다 읽어 달라고 하고 그걸 계속 반복했더니 언젠가부터 이렇게 외우게 되었지."

놀랍게도 그런 분들이 소록도에는 적잖았다. 소록도는 내가 품기에는 너무나 큰 섬이었다. 그들의 아픔도 컸다. 외양뿐 아니라 마음속의 응어리, 나병에 걸려 가족을 위해 고향을 떠나올 수밖에 없었던 그분들의 커다란 아픔을 어린 나로서는 감히 제대로 바라볼 수조차 없었다. 무엇보다 뭔지 모르지만 그들의 영적인 힘도 나에게는 굉장히 크게 다가왔다. 나는 한센병 환자들을 그 어렵다는 사람으로 태어났으면서 건강하지 못하고 부처도 모르는 불쌍한 사람들이라고 생각했다. 그래서 그들을 도우며 부처를 전하고 싶었는데 나의 그런 의도와는 정반대로 어느 순간 내 자신이 참으로 초라하게 느껴졌다. 한센병 환자들은 비록 몸은 건강하지 못하나 전혀 불쌍하지 않았던 것이다. 그들은 몸은 불편해도 늘 기뻐하고 즐거워했다. 육신적인 고통 가운데서도 비탄에 빠지거나 괴로워하기보다 하나님께 기도했고, 서로에게 친절히 대해 주었다. 그 불편한 몸으로 소록도의 구석구석을 아름답게 가꾸어 가며 하나님을 찬양하는 그들의 삶을 보며 불쌍한 쪽은 오히려 나인 것 같았다. 소록도의 할머니, 할아버지는 더 이상 나를 꾸짖지도, 때리지도 않으셨다. 오히려 인간적인 열심으로 힘겨운 고행을 자처하는 예수를 모르는 나를 진정으로 불쌍히 여겼다.

나를 불쌍히 여기는 그들의 시선이 불편해졌고 소록도에 계속 머무는 것이 괴로워졌다. 깊은 좌절감을 느끼며 나는 소록도를 떠나는 배에 조용히 올랐다. 멀어지는 소록도를 바라보며 '언젠가는 내가 품어야 될 아픔, 내가 부딪혀 넘어야 될 사람들'이라고 생각했다.

어떤 깨달음을 기대하며 들어섰던 곳, 소록도에서 나는 영적인 갈급함이 더욱 깊어졌다. 나를 예수께로 이끄시는 하나님의 물밑 작업이라는 것도 모른 채 소록도에서 느낀 영적인 갈급함을 해소하기 위해 더욱 치열하게 고행하는 구도의 길로 들어서게 되었다.

전생의 업 보따리를 찾아 떠돌다

'나는 왜 건강한 사람으로 이 땅에 태어났을까?' 나를 이끌어왔던 다양한 물음들의 답을 찾기 위해 소록도보다 더 넓은 세상으로 나아갔다. 무엇보다 나의 업(業) 보따리를 찾아보려고 화장터를 떠돌아다녔다. 화장터에 가면 혹시 전생의 나를 찾을 수 있을 것만 같아 부산 당감동 화장터와 서울 벽제 화장터 등을 찾아다녔다. 그중 서울 벽제 화장터에 있는 스님을 찾아뵙고 두 손을 합장하고 절하며 이렇게 여쭈었다.

"제가 어떻게 하면 스님처럼 큰스님이 될 수 있을까요?"

나는 죽은 시신들을 염해 주고 죽은 영혼을 극락왕생하도록 천도하는 그 스님 밑에서 열심히 도를 닦았다. 그런데 얼마 후 화장터에서 스님의 보조로 일하던 나에게 이상한 물음들이 찾아왔다.

'시신이 화장될 때 머리는 얼마 후 터질까? 배는 몇 분 있다 터질까?'

그때는 이런 게 궁금했다. 한동안 열심히 화장터에서 일을 하다 어느 날 나는 나의 물음이 이끄는 대로 길을 떠났다. 장의사를 따라다니고 묘 이장하는 사람을 따라다니기도 했다. 공동묘지의 오래된 무덤을 파서 썩은 시체들의 잔해를 들추는, 보통 사람들은 다 질겁할 일들을 진지하게 탐구하는 마음으로 했다. 죽음을 내 눈으로 보면 뭔가 깨달아지지 않을까 생각했기 때문이다. 하지만 죽은 자의 몸을 닦아 보고, 화장터에서 시신이 불에 타서 가루가 되는 것을 바라봐도, 무덤 속 백골들을 들추어 봐도 별 뾰족한 깨달음은 없었다. 다만 인간 육체에 대한 허무감만 커졌을 뿐 나의 고민은 풀리지 않았다. 역시 죽음은 변화일 것이라고 생각하며 죽는 것은 또 다른 시작이라는 생각이 들었다.

'사람이 태어나고 정해진 업보 혹은 팔자대로 살고 그러다 죽고 또 그 죽음 이후의 어떤 것'을 찾고 싶어 몸부림을 쳤던 그 시절, 나는 천도교, 증산교라고 하는 민족종교들도 공부했다. 기독교가 서양 종교라는 생각에 마음의 문을 꼭꼭 닫았던 나는 우리나라의 민족종교에 더욱 애착을 갖고 탐구해 들어갔던 것이다. 나중에는 점쟁이를 찾아다니며 점술까지 공부하게 되었는데, 급기야 신 내림을 받아 무당이 되어 보겠다고 생 무당들이 많다는 계룡산으로 들어가기에 이르렀다. 하지만 물음들에 붙들려 물음들이 이끄는 대로 삶과 죽음 그리고 죽음 너머의 세계에까지 이어지는 영적인 방황 속에서 나는 점점 피폐해져갔다.

돈이 떨어지면 부산에 있는 범어사 근처 길거리에서 손금을 봐 주면서 먹고살기도 했다. 돌아다니다 잠잘 데가 없고 배가 주리면 초상집에 가서 얻어먹고 구석에 쪼그려 자기도 했다. 그야말로 떠돌이 생활을 하면서 여기저기 안 가 본 데 없이 돌아다녔다.

결국 '사는 것'에서 '죽는 것'으로 넘어갔던 나의 물음은 막연하게나마 불교적 관점에서 답을 얻었다고 생각했다. 하지만 '장애인으로 태어나고 사는 것', '업보대로 사는 삶'에 대해서는 의문이 쉽사리 풀리지는 않았지만 그래도 방황했던 2년의 세월은 헛된 시간들이 아니었다.

해갈되지 않는 목마름

영적인 방황 끝에 돌아온 나는 원불교 생활에 더욱 열심을 내었다. 활불(活佛), 즉 살아 있는 부처가 되겠다는 신념으로 학림사(원불교 예비교역자 훈련원)에서 새벽 좌선 시간마다 제일 먼저 법당에 앉았고 제일 늦은 밤까지 목탁을 치며 염불을 했다.

또한 내 몸을 부처에게 산 제물로 바치기 위한 열심으로 법당에 홀로 앉아 몸에 '불'(佛)자를 새겼다. 도루코 면도날 끝으로 글씨를 새기면서 흘러내리는 피를 닦아 내었고 심지어 향불로 '불'자를 따라 몸을 지져 댔다. 심한 통증을 느끼면서도 나는 행복했다. 왜냐하면 이런 감각조차 나병 환자들은 느낄 수 없기 때문이다.

어느 해 겨울, 소록도에 계신 할머니 집을 찾았을 때였다. 할아버지가 눈이 내리는 것을 보고 날씨가 춥겠거니 생각하고 아궁이에 군불을 땠다. 그런데 그다음 날 아침 우리는 모두 깜짝 놀랐다. 할머니의 등가 죽이 다 벗겨져 있었기 때문이다. 할아버지가 군불을 너무 세게 땐 데다, 구들장 바닥이 뜨거운 줄도 모르고 할머니가 아랫목에서 밤새 등을 지지며 잔 것이었다. 살점이 떨어져 나간 할머니의 등을 보며 나는 몸의 세포가 죽어 피부에 감각을 느낄 수가 없다는 것이 얼마나 끔찍한지를 목격했다. 그래서 나병 환자들처럼 아픔의 통증을 모르는 것보다 비록 아픔일지라도 통증을 느낄 수 있는 것만으로 행복하다고 생각했던 것이다. 나는 아픔을 아픔으로 느낄 수 있는 나의 건강함으로 세상에서 버림받은 이들, 몸이 불편한 이들과 고통마저도 함께 나누고 싶었다. 그것이 살아 있는 부처의 모습이라고 믿으며 그런 삶을 살고자 몸에 직접 문신을 새긴 것이다.

그때 학교와 학림사를 오가던 내 눈에 행려자들이 보였다. 원광대학교에서 가까운 이리역, 지금의 익산역에는 행려자들이 많았다. 지금도 노숙자라고 불리는 사람이 많지만 그 당시에는 더 많이 역 주변에서 걸식했다. 나 역시도 불과 얼마 전까지 그들처럼 유리걸식하던 사람이었던지라 그들을 그냥 지나칠 수가 없었다. 나는 그들과 같이 어울렸다. 앉아서 같이 이야기도 나누고, 배가 고프면 중국집에서 손님들이 먹다 남긴 자장면이나 짬뽕을 얻어먹었다. 행려자들 사이에서 가마니를 깔고 같이 잠을 자고 함께 지내기도 했다.

그럴수록 나는 그들에게 너무도 미안했다. 그들에 비하면 나는 가진 것이 너무도 많은 사람이었다. 나에게는 언제든 돌아갈 집이 있었고, 반기는 가족이 있었다. 또한 내가 이루고자 하는 꿈을 지지해 주는 능력 있는 부모님도 계시지 않은가! 한편으로는 아무런 소망 없이 하루하루를 그저 살아가는 그들을 바라보며 절망을 느끼며 다시금 물음을 품게 되었다.

몸이 불편한 사람, 가난한 사람, 아픈 사람, 집 없이 떠도는 사람들을 볼 때마다 안타까운 마음이 일어났다. 철학적인 사유를 통해서든 종교적인 고행을 통해서든 내 안의 갈망, 물음의 답을 잡을 듯했고 잡힐 듯했으며 잡은 듯도 했다. 하지만 현실적인 문제들 앞에 설 때마다 언제나 비슷한 물음의 테두리 안에서 맴돌고 있는 나를 발견하게 되었다.

'누구는 건강하고, 누구는 아프고, 누구는 잘 살고, 누구는 못 살고…세상이 왜 이렇게 불합리하고 부조리할까?'

그런 생각이 일 때마다 가슴속에서 불같은 게 올라왔다. 가슴이 타들어갈 것처럼 답답했다. 물음의 답을 좇아 가방 하나 달랑 메고 고무신만 신고 향하던 곳은 마음의 고향 지리산이었다. 그것도 지리산에서 제일 높다는 천왕봉을 향해, 날씨가 춥든 덥든 비가 오든 밤이든 낮이든 상관하지 않고 오르고 또 올랐다. 그렇게 무엇엔가 이끌리듯 천왕봉에 올라 목탁을 치며 목청껏 염불을 해야 마음의 풍랑을 잠재울 수 있었다.

손으로 말하는 사람들

       나는 길을 걷다가 내 앞에서 몸이 불편한 사람을 만나면 쉽사리 그 사람을 앞질러 가지 못한다. 뒤에서 조심스레 따라가며 그 사람이 지나가길 기다린다. 혹은 그 사람이 다른 사람들과 부딪힘 없이 지나갈 수 있도록 도와주기도 한다. 몸이 건강한 사람이 먼저 배려해야 한다고 생각하기 때문이다. 그런데 대학생이던 어느 날 우연히 길을 가다가 나는 새로운 광경을 보게 되었다.

    '손으로 말하는 사람들!'

    귀가 안 들리고 말을 못하는 농아들을 본 것이다. 그런데 그들의 겉모습은 너무나 멀쩡했다. 눈으로 구별되는, 눈에 보이는 장애만을 생각해왔던 나에게 겉모습은 건강하나 의사소통하는 데 치명적인 청력 장애와 언어 장애를 가진 농아들의 존재가 새롭게 와 닿았다. 농아들은 외형적으로 건강한 모습이기에 스스로 장애인이라고 인정하고 싶어 하지 않는다. 장애를 지녔음에도 장애인이길 거부한다고 해서 농아들을 이중 장애인이라고 분류한다는 것을 알게 되었다.

나는 본능적으로 그들을 조금이나마 배려하기 위해서는 무엇을 해야 하는지에 생각이 미쳤다. 눈이 안 보인다거나 몸이 자유롭지 못한 이들을 돕기 위해서는 보통 사람 정도의 지능과 건강한 팔다리 그리고 돕고자 하는 마음만 있으면 언제든지 힘껏 그들을 도울 수 있다. 그러나 농아들에게는 그것만으로는 충분치 않다. 그들의 언어를 모르면 시원하게 도와줄 수 없다.

수화를 알아야 농아를 도울 수 있다는 사실이 나에게 큰 의미로 다가왔다. 누군가를 돕기 위해 무엇인가를 배운다는 것, 아직 그들을 돕고 있는 것은 아니지만 이미 돕는 자가 된 것처럼 마음이 설레고 즐거워졌다. 긍휼한 마음을 품고 있는 것에서 한발 더 나아가 도움이 필요한 자에게 준비된 자로 한 걸음 성큼 가까이 다가가는 뿌듯함이랄까. 이상할 정도로 들뜬 마음으로 수화 배울 만한 곳을 찾아보았다. 그랬더니 전북농아복지협회라는 단체가 있었다. 수화를 배우는 것은 생각처럼 쉽지 않았다. 손짓으로 말을 한다는 것이 처음에는 좀 어색하기도 했다. 또 손짓언어를 자유롭게 구사할 만큼 능숙해진다는 것이 특별히 어려웠다. 그래도 열심히 배웠다. 나는 수화를 배우면서 수화를 할 줄 아는 사람이 더 많아져야 한다고 생각했다. 농아들과 소통할 수 있는 사람이 더 많아지는 것이 농아들을 돕는 일이라고 생각했던 것이다. 대학교 3학년이 되던 내가 수화를 알리는 방법으로 선택한 것은 원광대학교에 '손짓사랑회'라는 수화동아리를 만드는 일이었다.

새 학기가 시작되는 3월, 캠퍼스 곳곳에는 신입 회원들을 모집하는 동아리들이 각축을 벌이고 있다. 그 틈바구니에서 눈에 띄는 포스터와 플래카드를 만들기 위해 나는 고심하여 동아리 선전 문구들을 고르고 골랐다. 학생이 많이 오지 않는 토요일이었지만 나는 친구와 함께 포스터와 플래카드를 가지고 학교에 갔다. 포스터를 다 붙이고 플래카드를 나무에 내걸고 있는데 여학생이 지나가다가 발걸음을 멈추었다. 그리고 플래카드에 적힌 문구들을 보는 것이었다.

'소리 없는 침묵의 손짓을 아십니까?'

보고 그냥 지나칠 줄 알았는데 그 여학생은 사뭇 진지한 눈빛으로 플래카드를 바라보는 게 아닌가?

"수화교실…? 아저씨, 저도 수화 배워도 돼요?"

여학생의 진지한 질문이 너무 반가웠다. 마침 점심때도 되었고 해서 함께 자장면을 먹으러 가자고 했다. 중국집에서 자장면을 시켜 놓고 내가 먼저 물었다.

"수화는 왜 배우고 싶어요?"

"저는 약대생인데요, 앞으로 약국을 할 때 손님으로 농아들이 찾아오면 수화를 할 줄 알아야 약을 정확히 처방해 줄 수 있을 것 같아서요.”

몹시 부끄러운 듯 여학생은 수줍게 자신의 이야기를 했다. 공교롭게도 그 여학생은 바로 며칠 전, 자신이 사는 전주에 있는 전북대학교 학생회관에서 수화찬양 발표회를 보게 되었다고 했다. 익산에 있는 원광대학교에서 전주의 집으로 통학하던 여학생은 늘 다니던 그 길에 있던 학생회관에서 수화찬양 발표회를 한다는 걸 우연히 알게 되었다. 학생회관 안으로 들어가 머뭇머뭇 맨 뒤에서 그것도 선 채로 난생처음으로 농아들의 수화찬양을 들었다.

‘예수 나를 위하여 십자가를 질 때 세상 죄를 지시고 고초 당하셨네 예수여 예수여 나의 죄 위하여 보배 피를 흘리니 죄인받으소서….’

여학생은 교회에 다니는 크리스천이었다. 주일학교 교사인 여학생은 성가대원이기도 해서 교회에서 늘 찬송을 부르고 또 들었는데 그날 농아들이 손짓으로 하는 찬양은 그 어느 때보다 가슴에 크게 울렸다. 손으로 하는 찬양을 보며 귀가 안 들리고 말하지 못하는 농아가 있다는 사실에 놀라고 농아들이 그렇게 찬양을 할 수 있다는 사실에 놀랐다. 무엇보다 그들이 하는 찬양이 너무나 아름다워서 말할 수 없는 감동이 밀려왔다고 했다.

그리고 며칠 후 가슴에 그 감동이 여운으로 남아 있던 중 토요일에 학교에 왔다가 손짓사랑회 동아리 플래카드를 본 것이다. 여학생은 그 플래카드를 보고 그냥 지나칠 수가 없었다. ‘소리 없는 침묵의 손짓’에 이미 감동을 받은 여학생은 수화교실을 한다는 내용에 배우고 싶은 마음이 들어 자기도 모르게 불쑥 말을 건넨 것이었다. 모르는 사람한테 말도 잘 건네지 못할 만큼 수줍음이 많은 성격인데 용기가 솟았더란다.

여학생의 수줍어하는 모습이 귀엽기도 하고 왠지 믿음이 갔다. 수화를 무척이나 열심히 배울 것 같은 느낌이 들었던 것이다. 수화동아리가 시작되던 시점인지라 일할 사람이 필요했던 나는 대뜸 그 자리에서 이렇게 선포하듯이 말했다.

"내가 동아리 회장을 할 테니 너는 부회장을 하면 어떨까?"

그렇게 나는 '손짓사랑회' 창립 멤버를 구성한 후에 수화교실을 열었는데 생각보다 학생들의 관심은 대단했다. 400명이 몰려든 것이었다. 의외의 폭발적인 반응에 우리 모두 놀랐다. 당시 수화동아리는 무척이나 생소한 것이었다. 아마 전국에 있는 대학교 캠퍼스에서 수화를 보급한 사람은 우리가 처음일 것이다. 물론 호기심에 몰려왔던 학생들이 나중에는 수화가 생각만큼 쉽지가 않으니 많이들 떨어져 나가긴 했다. 그래도 원광대학교에서 수화를 가르치니까 이후 전북대학교, 우석대학교에 수화동아리가 생기고 서울에 있는 대학교까지 수화동아리가 퍼졌다. 더 나아가 수화를 배우던 열심, 수화를 알리고 싶었던 그 열심이 씨앗이 되어 내가 우즈베키스탄의 농아들과 각별한 인연을 맺게 되리라고는 그때는 꿈에도 생각하지 못했다.

소록도의 꿈

불교의 가르침은 육도윤회(六道輪廻)설로 대표된다. 육도윤회설이란 사람의 행위와 결과로 빚어지는 '업'에 따라 사람이 저 밑바닥인 '지옥'에서부터 '아귀', '축생', '아수라', '인간', 신의 세계라는 '천상'까지 여섯 세계에서 태어나고 죽기를 되풀이한다는 것이다. 지금 이 생에 '인간'으로 태어났으나 덕을 쌓지 못하면 다음 생에는 파리와 같은 '축생'으로 태어날 수도 있다는 것이다. 태어나기 어려운 '인간'으로 이 땅에 왔으니 착한 행실, 선한 업을 열심히 쌓아 다음 생에 아무 걱정 없는 극락정토, '천상'에 태어나거나 혹은 건강한 '인간'으로 태어나야 한다는 것이 불교의 주된 가르침이라 할 수 있다.

나는 이 땅에서 고통당하는 사람들에게 부처의 자비심으로 선을 베푸는 것이야말로 깨달은 자, 각성한 자가 해야 하는 일이라고 생각했다. 여기에서 한 걸음 더 나아가 사람들에게 선한 업을 쌓도록 깨우쳐 주어야 한다고도 생각했다. 그런 뜻으로 나는 '손짓사랑회' 동아리 친구들에게 '육체의 감사 생활화'를 강조하곤 했다.

수화를 배운 지 3개월 정도 되었을 때 군산에 있는 선유도로 MT를 간 적이 있다. 그때 나는 몸의 일부가 건강하지 못하다는 것이 어떤 것인지, 몸이 건강하다는 것은 또 어떤 것인지를 동아리 친구들과 함께 느끼고 싶었다. 그리고 '나는 왜 건강한 사람으로 태어났을까?'라는 물음도 함께 나누고 싶었다.

그 방법으로 두 눈을 가리고 하루 동안 지내 보는 경험을 했다. 처음에는 눈을 가린 친구들이 전봇대에 부딪히고 계단에서 넘어지기도 했다. 그래서 이번에는 눈을 가린 친구와 가리지 않은 친구를 한 팀으로 묶었다. 보이는 친구가 보이지 않는 친구의 손을 잡아주게 한 것이다. 그러면서 보이지 않는 사람에게는 '내 손을 잡아 주는 사람을 얼마나 신뢰했는가?'에 대하여 그리고 손을 잡아 주는 사람에게는 '앞이 보이지 않는 사람을 얼마나 배려했는가?'를 생각하고 느끼게 했다.

MT의 마지막은 군산에서 익산까지 걸어가는 것이었다. 건강한 다리가 있음에 감사하기 위해 원광대학교까지 걸어가자는 나의 제안에 동아리 친구들은 경악했다. 어쨌든 우리는 술렁술렁하며 길을 나섰다. 군산에서 출발할 때는 저녁이었지만 42km 정도 되는 길을 걸어서 익산 원광대학교에 도착할 때는 어느덧 새벽이 밝아오고 있었다. 처음 길을 나설 때 짙어지는 어둠 속에서 암담함도 느끼고, 발바닥과 다리가 저려 오는 고통 속에서 투덜거리기도 했지만 어느새 옅어지는 새벽하늘 아래에서 우리는 서로의 얼굴을 보며 웃을 수밖에 없었다. 생각만큼 그렇게 나쁘지 않았던 것이다. 그날 우리는 사뭇 가슴이 뻐근했던 것 같다.

나는 집으로 돌아가는 친구들을 뒤로하고 다시 서울을 향해 길을 떠났다. 나 혼자만 익산에서 서울까지 걸어간 것이다. 두 다리가 있음에 더욱 감사하는 마음이 들었던 나는 '왜 나에게 이렇게 건강한 두 다리가 있을까?'라는 물음에 좀 더 머물고 싶었다. 조금은 엉뚱하고 혹독하기도 했던 그날의 MT는 우리 수화동아리 친구들에게 참 잊을 수 없는 추억이 되었다. 그로 인해 '손짓사랑회'는 똘똘 뭉치는 동아리가 되어서 이런저런 일들을 참 잘해나갔다. 그중 하나는, 전북농아복지협회 지부장님을 돕는 일이었다. 만성신부전증을 앓고 계시던 고(故) 양이중 지부장님을 위해 청각장애인 돕기 1일 바자회와 1일 찻집을 열어 작으나마 병원비를 보태기도 했다.

1987년, 대학교 4학년이던 해는 연말에 있을 대통령 선거로 인해 온 나라가 굉장히 어수선했다. 불안한 남북관계 속에서 장기집권을 원하던 군부정권은 국민들의 민주화 열망을 힘으로 저지하다 역풍을 맞았다. 민주화 운동을 하던 학생의 죽음과 은폐로 인해 되레 전국적인 민주화 운동이 거세게 일어난 것이었다. 나 역시 여러 정세들에 의분을 느꼈지만 시위대에 합류할 수는 없었다.

나는 굉장히 활동적이고 적극적이며 정의로운 성격이었음에도 불구하고 민주화 운동에는 이끌리지 않았다. 나라와 민족을 위해서는 기도할 뿐, 정말 내가 해야 하는 일은 몸이 불편한 사람들을 돕는 것이라고 생각했기 때문이다. 이런 때 '손짓사랑회' 친구들을 데리고 소록도에 갔다. 친구들과 소록도에 갔을 때도 소록도 합주단의 연주를 듣게 되었다. 나병에 걸려 섬에 갇혀 살면서 무엇이 감사하다고 하나님을 찬양하는 것인지 이해할 수는 없었지만 손가락 없이 손목과 힘없이 늘어진 입술로 완전한 하나를 이룬 합주단의 아름다운 연주를 듣노라면 밀려오는 감동과 함께 숙연함으로 고개가 숙여졌다. 연주가 끝나고 우연히 꿈 이야기가 나왔다. 그때 누군가 이런 질문을 했다.

"할아버지는 꿈이 뭐예요?"

그랬더니 어떤 한 분이 곧바로 이렇게 대답을 했다.

"육지에 한 번 가 보고 싶지."

그 얘기를 듣고 모두 고개를 끄덕였다. 한센병에 걸려 양성 판정을 받고 소록도에 온 이후 육지를 밟지 못했던 그들의 꿈을 우리가 이루어 드리고 싶었다. 어떻게 하면 그 꿈을 이루어드릴 수 있을까 고심을 하던 우리는 소록도 하모니카 합주단의 찬양 연주회를 주최하는 것이 좋겠다고 결정했다. 우리는 신이 나서 계획을 세우고 준비를 했다. 필요한 경비를 모으기 위해 '손짓사랑회' 친구들과 성냥갑 만 개를 만들어서 직접 팔기도 했다. 무작정 시내버스에 올라타서 성냥팔이 소년 소녀들이 되어 후원금을 모았다. 그리고 전북대학교와 원광대학교 실내 체육관을 섭외하며 일사천리로 공연 준비를 해 나갔다. 포스터도 만들어 곳곳에 붙였다.

그런데 공연 준비가 난관에 부딪혔다. 소록도 하모니카 합주단이 머물 숙소와 이동용 차량을 구하는 데 어려움을 겪게 되었다. 여기저기 찾다가 어느 교회 목사님을 찾아갔다. 나병 환자들을 위해 교회 차량을 빌려주십사 조심스레 부탁드렸는데 목사님께서는 혹시나 성도들에게 한센병이 옮을 수 있기 때문에 허락해 주시지 않았다. 당시만 해도 한센병에 대한 인식이 많이 달라지지 않았을 때라 그럴 법도 했지만 나는 이해하지 못하고 "이것이 무슨 교회냐?"며 분노를 감추지 못했다.

결국 연주회는 무산되었다. 숙소나 차량을 구하지 못해서가 아니었다. 결정적으로 당시는 제5공화국 말기로 제18대 대통령 선거를 앞두고 있던 시점이었는데 대통령 선거 유세 기간이라 군중집회가 허락되지 않았기 때문이었다.

소록도 하모니카 합주단의 소원을 이루어드리지 못해 너무나 속상해 하고 있는데 뜻밖에도 이리 기독교 방송(CBS)에서 나에게 간증을 요청해왔다. 왜 이런 일을 하게 되었는지 방송에 나와서 말해 보라는 것이었다.

'예수도 안 믿는 원불교인이 기독교 방송에 나가서 무슨 얘기를 할 수 있을까!'

사실 별로 내키지는 않았지만 한 분이라도 육지에 나올 수 있는 기회라고 생각해서 방송에 나가기로 했다. 그리고 이홍수 집사님과 소록도 연합교회 김두영 목사님을 모시고 방송에 출연했다. 방송에서도 나는 건강한 몸으로 사는 것에 대한 '육신의 감사 생활화'에 대해 얘기했던 것 같다.

　비록 하모니카 합주단의 연주회는 성사되지 못했지만 나는 '손짓사랑회' 활동을 통해서 건강한 육신으로 이웃을 도울 수 있다는 데 기쁨과 함께 자신감을 갖게 되었다. 그때의 나는 내 힘으로 치열한 고행(苦行)의 과정을 거쳐 부처의 길에 더욱 가까워지고 있다고 생각했던 것 같다. 그렇지만 실상은 하나님이 당신의 선한 사업을 위하여 나를 준비시키고 계셨던 것이다.

살아서 천국, 죽어서 천국

한센병이라는 무서운 병에 걸려 세상에서 추방당한 자들이 사는 섬, 소록도. 처음 갔을 때는 낯설고 두렵기까지 했던 그곳이 어느새 나에게는 영적인 고향 같은 곳으로 변해갔다. 도무지 원불교를 받아들이지 않으려는 한센병 환자들이 야속하기도 했지만 언젠가부터 오래 안 보면 궁금하고 그리운 사람들이 되었다.

다른 날은 몰라도 명절이 가까워 오면 항상 소록도 어르신들이 마음에 걸렸다. 그래서 나는 부모님께 미리 명절 인사를 드리고는 며칠씩 소록도에 머물곤 했다.

특별히 설 명절에 어르신들을 찾아가 큰절로 세배를 올리면 적적하시던 터였던지 더 반가워하시고 더 고마워하셨다. 나는 어르신들 안마도 해드리고 때로는 씻는 것을 도와드리기도 했다. 어느 날 '뭐 도울 일이 없을까?' 하고 부엌에 가 봤더니 할머니가 길게 늘어진 가래떡을 썰고 계셨다. 그런데 문드러진 손목과 팔에 천으로 칼자루를 묶어 겨우겨우 떡을 써시는 게 아닌가. 보통 사람들에게는 아무것도 아닌 일이 그들에게는 보통 일이 아니었던 것이다. 할머니를 바라보는 나의 마음이 너무 아프고 속상했다.

'예수 믿는다는 할머니 자식들은 어떻게 아무도 오지 않는 것일까? 아무리 부모가 몹쓸 병에 걸렸다고 해도 와야 되는 것 아닌가?'

나는 그렇게 속상할 수가 없는데 그런 상황 속에서도 할머니는 무엇이 그리 좋은지 찬송을 흥얼거렸고 늘 하나님께 감사했다. 교회 일이라면 그 불편한 몸으로 궂은일도 마다하지 않고 앞장서서 했다. 찾아오는 사람마다 당신들의 신앙을 얘기했고 늘 교회를 자랑했다. 결국 나는 나의 솔직한 생각을 말했다.

"환자가 된 할머니가 예수 믿어서 행복하다는 말은 도무지 이해가 안 돼요. 그게 어떻게 행복하다는 거죠?"

할머니는 빙그레 웃으며 답하셨다.

"그건, 우리가 영원히 살기 때문이지. 내가 문둥이가 되었기 때문에 예수님을 믿을 수 있었어. 문둥이가 아니었다면 한평생 멋모르고 살다가 지옥에 갈 수도 있었을 텐데…. 하나님이 나를 특별히 문둥이로 만들어주셔서 이제는 예수 믿고 영생을 얻었으니 살아도 천국을 살고 죽어서도 천국에 갈 수 있는 것이지. 그러니 우리는 지금이 행복한 것이지."

문둥이가 된 것이 하나님의 작품이라고까지 말하는 그들 앞에서 나는 할 말을 잃었다. '전생에 당신들이 지은 죄로 인해 이생에 문둥이라는 과보를 받았다'는 부처님의 법문은 한센병 환자들을 죄로 조였고, 자기의 열심으로 선한 업을 쌓아야 한다며 더욱 괴롭게 했다. 하지만 기독교의 예수는 병에 걸린 그들을 죄로 조이지 않았다. 오히려 한센병 환자들은 하나님의 은혜와 사랑 속에서 죄에서 자유로웠고 평안을 누렸다. 당시 믿음이 없었으므로 그 자유함과 평안함을 온전히 이해할 수 없었지만 한센병 환자들이 누리는 그 평안이 부러워졌고 내심 시기, 질투하는 마음도 생겼다.

내 마음은 조금씩 소록도 한센병 환자들의 예수 사랑에 조금씩 전염이 되어 갔다. 하지만 그것은 나조차도 눈치 채지 못한 일이었다. 오히려 겉모습은 예수를 전하는 그들 앞에서 더욱 강퍅해지는 듯했다. 그럼에도 불구하고 나는 부처 전하는 일을 그만두지 않았다. 내가 할 수 있는 최후의 일을 했다. 살아서는 어느 누구도 부처를 안 믿으니까 돌아가신 분들을 위해 49재를 드려 주는 일이었다. 소록도에는 만령당이라는 곳이 있다. 죽은 한센병인들의 위패와 유골을 모신 일종의 납골당인데 나는 주로 그곳에서 죽은 영혼들의 혼을 달래기 시작했다.

불교에서는 죽은 이후에 49일 동안 불공을 드린 정도에 따라 영혼이 어디로 가느냐가 결정된다고 믿는다. 죽은 영혼을 위해 잘 연보(捐補)하면 그간에 지은 죄들이 삭감되어 영혼이 좀 더 좋은 곳으로 간다고 여겼다.

내가 소록도에 머물 때 하루가 멀다 하고 사람들이 죽어갔고 이틀에 한 번꼴로 장례가 치러졌다. 나는 장례식이 있다고 하면 목탁을 들고 장례식에 참석했다. 살아계신 분에게는 아무리 부처를 전해도 받아들이지 않으니 나는 정말 마지막 기회라는 절박한 심정으로 죽은 영혼을 천도하는 일에 매달렸다.

내가 천도재를 드리면 그 옆에서 소록도 한센병 환자들이 장례 예배를 드렸다. 나는 나대로 목탁 치며 염불을 하고 그들은 그들대로 찬송을 하며 기도했다. 그렇게 장례예식을 치르다 보면 어느새 서로 경쟁을 하게 되었다. 그들의 찬송 소리가 높아지면 이에 질세라 나의 목탁 소리가 빨라졌다. 그러면 그들은 더욱 목청껏 찬송을 불렀고, 나는 목탁이 부서져라 두드렸다.

내가 드리는 천도재는 슬프고 엄숙했던 반면 소록도 나병 환자들의 장례예식은 항상 축제 분위기였다. 그들은 장례식에 올 때에도 웃으면서 왔다. 그러고는 먼저 죽은 이에게 이런 인사를 했다.

"왜 네가 먼저 가냐? 내가 더 빨리 가야 하는데…."

죽은 사람 때문에 슬퍼하기는커녕 오히려 부러워했다. 알고 보니 그들은 장례식을 하늘나라로 옮겨가는 환송식이라고 불렀다. 무엇이 그리도 기쁜지 정말 기쁨에 차서 찬양을 했다.

'날빛보다 더 밝은 천국 믿는 맘 가지고 가겠네

믿는 자 위하여 있을 곳 우리 주 예비해 두셨네

며칠 후 며칠 후 요단강 건너가 만나리

며칠 후 며칠 후 요단강 건너가 만나리'

그들은 부르고 또 불렀다. 줄기차게 찬양했다.

'보아라 즐거운 우리 집 밝고도 거룩한 천국에

거룩한 백성들 거기서 영원히 영광에 살겠네

거기서 거기서 기쁘고 즐거운 집에서

거기서 거기서 거기서 영원히 영광에 살겠네'

이별을 슬퍼하는 눈물은 없었다. 즐거운 노래만이 넘쳐나는 소록도
의 장례식에서 나는 죽음을 기뻐하는 사람들을 만나게 되었다. 내가 그
동안 무수히 경험해왔던 죽음들과 장례식장에서는 한 번도 볼 수 없었
던 모습이었다. 게다가 그들은 죽음을 경주했다. 어서 빨리 하나님 곁
에 가고 싶어 몸부림치는 사람들이었다. 죽음을 축제처럼 기다리니 죽
음 자체를 기뻐할 수밖에 없었다.

하나님!
쓸 만한 청년 아닙니까?

오래된 편지 묶음 속에서 낡은 편지 한 통을 발견
했다. 날짜를 보니 대학 졸업을 앞둔 겨울방학 때였다. 편지 쓴 이는 장
애인 사역의 대부 이병창 선생님이었다.

청년 이민교!

새벽에 이름 부르며 하나님께 기도드렸습니다.

'하나님! 쓸 만한 청년 아닙니까? 알아서 하십시오.

당신의 빛으로, 소금으로, 향기로, 편지로 써 보십시오'라고.

엎드린 곳에서 일어나 걷는 처음 발걸음에

하나님의 축복이 함께하시길…(1988.1.14)

지금은 진달래교회 이병창 목사님이시다. 이병창 선생님은 원불교 재단의 고등학교에서 국어를 가르치셨다. 그러던 어느 날 '재활의 집'을 운영하시는 선생님을 다시 뵙게 되었다. 선생님은 고등학교 교편을 내려놓고 비닐하우스 가건물에서 지체장애인, 척추환자들과 함께 살고 계셨다. 그때 재활의 집에서 본 친구들 중에는 팔다리가 붙어 있는 선천적인 사지기형 환자도 있었다. 그들은 전주 예수병원에 입원해 있다가 치료가 끝났음에도 딱히 갈 데가 없는 사람들이었다. 보호자들이 없는, 그러니까 가족들마저 버린 그들을 도와줄 사람이 필요하다는 이야기를 예수병원의 선교사로부터 듣고 신학교에 다니던 선생님께서 그 일을 하게 된 것이었다.

선생님을 찾아 재활의 집에 갔을 때 잊히지 않는 일이 있었다. 어느 날인가 선생님께서 대변을 보지 못해서 고통스러워하는 척추환자에게 관장(灌腸)을 하고 계셨다. 그런데 약물을 넣는 관장이 아니었다. 선생님께서 그 친구의 항문에 식용유를 넣어서 손으로 직접 대변을 꺼내는 것이었다.

"배를 훑어서 똥을 나오게 하는…."

아연실색한 나에게 선생님은 아무렇지도 않게 농담까지 하셨다. 그런데 더 기가 막힌 것은 곧 이은 점심식사에서였다. 그날따라 밥상에는 상추쌈이 올라와 있었다. 식사기도를 하시고 선생님은 씻긴 하셨지만 방금 전까지 대변을 훑으셨던 손을 가볍게 탈탈 터시고는 맛있게, 정말 맛있게 상추쌈을 드시는 게 아닌가. 죄송하지만 나는 선생님처럼 맛있게 먹을 수 없었다. 께름칙한 표정으로 선생님의 손을 가리키면서 물었다.

"냄새… 안 나세요?" 그랬더니 "다 똑같은 거야. 현상이 아닌 실체!"

문자적으로 해석하면 느낌과 감정을 일으키는 현상에 붙들리지 말고 사실 그 자체인 실체로 본다면 다 똑같다는 것이다. 냄새 자체가 구역질나게 하는 게 아니라 '구역질나는 냄새'라는 그 '생각'이 구역질나게 한다는 것, 하지만 그냥 '똥 냄새'라는 사실로 받아들이면 아무렇지도 않다는 것이다. 사실 나 역시 장례식장에서 죽은 시신들을 염하고 묘 이장을 할 때 썩은 시체도 아무렇지도 않게 다루었기에 선생님의 그 말씀에 공감할 수 있었다.

그날 하늘의 이야기들이 오고 갔다. 선생님은 신학생이었고 나는 원불교 예비 교역자로 종교는 달랐지만 한 밥상에서 맛있게 쌈을 싸먹던 그날의 추억이 선생님과 나 사이에 사랑의 끈이 되었다.

나에게 장애인 사역뿐 아니라 인생의 멘토가 되어 주셨던 이병창 선생님께서 어느 날인가 나를 조용히 부르셨다. 그리고 함께 떠난 곳은 '동광원'이었다. 동광원은 내가 자라고 살던 남원 집과 가까운 곳에 있었다. 동광원은 우리나라 기독교 역사 가운데 '맨발의 성자'로 알려진 이현필 선생님에 의해 자생한 공동체이다.

1948년에 있었던 여순반란 사건과 뒤이어 1950년에 발발한 한국전쟁으로 전라도 지역에 수많은 사상자가 생겼는데, 특히 마을마다 고

아들과 과부들이 쏟아져 나왔다. 나라도 그들을 구제하지 못하던 때였다. 그때 이현필 선생님은 성경말씀대로 도움이 절대적으로 필요한 고아와 과부를 위해 자기가 가진 것을 내놓았고 가진 것이 떨어진 후에는 동광원 사람들이 직접 농사를 지으며 자급자족해 나가도록 했다. 그 공동체가 바로 동광원이었다.

너나 할 것 없이 다 가난하던 그 시절, 이현필 선생님은 자기가 먹는 밥에서 한 숟가락씩을 덜어 그것으로 어려운 이웃들을 도와주자는 일작운동을 시작했는데 그것으로 '귀일원'이라는 또 다른 공동체가 생겼다. 동광원이 고아와 과부를 위한 곳이었다면 귀일원은 가족들마저 감당하지 못하고 버린 정신질환자들과 지체장애인들을 위한 공동체였다. 나는 동광원을 돌아보며 이병창 선생님을 깊이 이해하게 되었다. 오랫동안 선생님을 알아왔지만 그때까지는 전혀 알 수 없었던 선생님의 속사람을 만난 듯했다.

이병창 선생님의 신앙과 삶의 뿌리인 동광원과 귀일원 사람들을 보며 '예수가 누구일까?', '예수의 사랑이란 무엇일까?', '그리스도인으로 살아간다는 것은 무엇인가?'를 어렴풋하게 생각할 수 있었다.

동광원에서 하룻밤을 자고 난 다음 이병창 선생님은 나를 이끌고 전남 곡성의 태안사로 향했다. 태안사 뒷산 기슭에서 80노구의 몸으로 홀로 살고 있는 한 노인을 만날 수 있었다. 초가집에서 호롱불을 켜놓고 성경을 보던 그분의 이름은 오북환 장로님이라고 했다. 이현필 선생님과 함께 동광원과 귀일원에서 살았던 전설적인 인물이었음을 나중에 알게 되었다.

신학교를 나온 목회자는 아니었지만 성경에 통달했던 오북환 장로님에게 많은 목회자가 찾아오는 듯했다. 성경 속 진리의 말씀을 듣고자 찾아오는 이들에게 오북환 장로님이 하셨던 말씀 중에 유명한 것이 있다.

"사라지면 살아진다."

'내가 사라지면 예수로 살아지게 된다'는 말씀이었는데 내가 예수님을 깊이 만난 후 다시 생각해 보니 참으로 고개가 끄덕여지는 말씀이 아닌가.

이현필 선생님을 비롯한 동광원, 귀일원 식구들, 그 정신과 명맥을 이어 나가는 이병창 선생님 같은 분들을 통해 나는 예수를 위해 일생을 바친 이들, 예수의 제자들이 어떻게 하나님 앞에 순결하게 자신의 신앙을 지키며 강도 만난 자의 이웃이 되어 세상의 빛과 소금으로 살고 있는지를 조금은 엿보았던 것 같다.

염불이 찬송으로

하늘의 때가 찬 것일까? 작은 예수로 살아가는 동광원, 귀일원 공동체의 영성 때문일까 아니면 소록도 나병 환자들의 예수 행복 때문일까? 감히 상상하지 못했던 충격적인 사건이 있었다.

평소처럼 새벽 4시에 일어났다. 그때는 신기하게도 그 시간이면 눈이 떠졌다. 법당에 나가 가부좌를 틀고 30분간 좌선을 한 다음 목탁을 치고 염불을 했다. 금강경을 하고 반야바라밀다심경을 하려고 하는데 갑자기 염불이 되지 않았다. 목탁을 치고 있었으므로 법당에는 목탁 소리가 울렸다. 그런데 염불을 하던 중간에 입에서 나오는 말은 염불이 아니고 엉뚱한 말이었다.

"며칠 후 며칠 후….."

"며칠 후 며칠 후….."

나는 어리둥절해서 '이게 무슨 말인가?' 싶었다. 처음에는 '내가 멸치가 먹고 싶나?' 하고 생각했다. 그러다 곧 기억이 났다.

'아, 장례식 때마다 들었던 찬송가다!'

소록도 장례식에서 수도 없이 들었던 찬송가 〈해보다 더 밝은 저 천국〉의 후렴구였다. 듣기 싫어서 밀쳐내기 위해 더 목탁을 두드리게 했던 찬송이었다.

'며칠 후 며칠 후 요단강 건너가 만나리.'

목탁을 치면서 염불이 아닌 찬송을 외다니! 엄마 뱃속에서부터 내 몸에, 내 영혼까지 각인된 염불! 참 기가 막혔다. 염불과 찬송이 완전히 거꾸로 뒤집힌 그 상황에서 더 황당했던 것은 그만하려고 해도 도저히 멈출 수가 없었다는 것이다. 나도 모르게 목탁을 던졌다. 그리고는 온몸으로 저항했다. 저절로 흘러나오는 찬송을 멈추기 위해 입을 틀어막고 이를 앙다물며 법당을 뒹굴었다. 하지만 오히려 혀는 제멋대로 돌아가는 것 같았다. "며칠 후 며칠 후" 하다가 뜻 모를 소리까지 외쳐댔다. 생각해 보면 그때 방언이 터진 것이었다.

한두 시간이 넘도록 몸부림을 치고 정신을 차려 보니 얼굴이 콧물과 침으로 범벅된 것은 물론이고 바지에 오줌똥까지 지린 만신창이 상태였다.

한센병은 보통 7년의 잠복기를 거쳐 증상이 나타난다고 한다. 그런데 소록도에 첫발을 내딛은 지 7년이 되던 어느 날, 하늘의 빛이 찾아

왔다. 임신(姙神), 즉 신이 임했다. 하늘의 신이 성령님이 나에게 찾아

왔다. 염불이 찬송으로, 나의 원함이 아니라 하늘의 임신이 된 것이다.

그분은 누구인가

        나는 어찌할 바를 몰랐다. 가만히 있자니 답답하고 미칠 것 같았다. 그래서 일어난 일을 선생님께 말씀드렸더니 민족종교인 원불교에 대한 애착이 강하고 기독교에 대한 반감도 강했던 나에게 하나님께서 강권적으로 역사하신 것이라며 무척이나 놀라워하셨고 또한 기뻐하셨다.

    "하나님은 무소부재하시고 전지전능하신 분인데 귀신이 많다고 하는 법당 안에도 계신다. 감사하게도 성령 하나님이 너를 직접 찾아오신 모양이다."

    그러고는 성경책을 선물로 주시며 "이 성경이 하나님을 잘 설명해 주고 있으니 처음에는 좀 이해가 안 되겠지만 그래도 꾸준히 읽어 보라"고 하셨다.

그때야 비로소 나는 하나님의 말씀인 성경을 두렵고 떨리는 마음으로 받아들게 되었다. 살아서 역사하시는 하나님이라는 존재를 체험한 후에 미친 듯이 성경을 파고들기 시작했다. 물론 막상 성경을 펼치니 하얀 것은 종이요, 검은 것은 글씨일 뿐 무슨 말인지 도무지 이해가 되지 않았다. 그럼에도 끈기를 갖고 읽어 나갈 수 있었으니 그 또한 성령의 역사가 아닌가!

어느 순간 미친 듯이 성경에 빠져들기 시작했다. 바로 신약성경으로 넘어와 며칠을 읽다가 〈요한복음〉에 이르렀을 때였다.

> "태초에 말씀이 계시니라 이 말씀이 하나님과 함께 계셨으니 이 말씀은 곧 하나님이시니라 그가 태초에 하나님과 함께 계셨고 만물이 그로 말미암아 지은 바 되었으니 지은 것이 하나도 그가 없이는 된 것이 없느니라 그 안에 생명이 있었으니 이 생명은 사람들의 빛이라 빛이 어둠에 비치되 어둠이 깨닫지 못하더라 … 참 빛 곧 세상에 와서 각 사람에게 비추는 빛이 있었나니 그가 세상에 계셨으며 세상은 그로 말미암아 지은 바 되었으되 세상이 그를 알지 못하였고 … 말씀이 육신이 되어 우리 가운데 거하시매 우리가 그의 영광을 보니 아버지의 독생자의 영광이요 은혜와 진리가 충만하더라"

〈요한복음〉 첫 장에서부터 나는 빨려들어 갔다. 세상에 와서 각 사람에게 비추는 빛, 그 참 빛이 나에게도 비치기 시작했다. 태초에 말씀이 있었는데 말씀이 하나님과 함께 있었고 그 말씀이 곧 하나님이라는 것. 그 말씀이 육신이 되어 우리 가운데 있고 그가 하나님의 하나밖에 없는 아들이라는 것. 그러니까 말씀이 육신이 된, 아버지의 독생자가 곧 하나님이라는 게 아닌가.

'말씀이 하나님이고 그 말씀이 육신이 되었고 독생하신 그 아들이 곧 하나님'이라는 이 돌고 도는 모양이 왠지 친근했다. 어디서 많이 들었던 익숙한 것이었다. 그것이 나에게는 우리의 인생이 전생에서 이생으로, 다시 내생으로 돌고 돈다는 불교의 윤회설의 구조처럼 느껴졌다. 나중에 신학을 공부하며, 사도 요한이 헬라(그리스) 철학에 익숙한 사람들을 위해 동양의 철학적 관점에서 이 〈요한복음〉을 썼다는 사실을 알게 되었다. 그래서 불교 신앙에 젖어 있던 내 눈에도 〈요한복음〉의 말씀이 더욱 이해하기 쉽게 다가왔던 것이다.

〈요한복음〉을 읽으면 읽을수록 하나님의 말씀이 마치 살아 움직이는 것처럼 느껴졌다. 나는 더욱 〈요한복음〉에 빠져들었다. 그렇게 미친 놈처럼 〈요한복음〉을 읽던 나는 하늘이 열리는 경험을 하게 되었다.

〈요한복음〉 9장을 통해 첫 번째 하늘이 열리기 시작했다. 예수의 제자들이 말했던 것처럼 나는 여태까지 한센병 환자들에게 전생의 업, 당신의 죄 때문에 몹쓸 병에 걸렸다고 말해왔다. '왜 이 땅에 장애인이 있는지' 너무 알고 싶어 나 스스로 진리를 찾았으나 실패하고 결국 나의 울타리였던 불교적 교리에서 얻은 해답을 진리로 받아들여 살았던 것이다. 그런데 예수는 그렇게 말하지 않았다. 전생의 죄로 맹인을 정죄하며 조이지 않으셨다. 하나님이 하시는 일을 나타내기 위해서라고 선포하시고는 그 맹인을 즉시 고치셨다. 하나님만이 하나님이시다. 부모의 죄, 나의 죄가 아니라 나를 통한 누구의 죄가 아니라 하나님이 하시는 일을 나타내기 위함이라는 것에 하늘의 신비가 풀리기 시작했다.

그러다 〈요한복음〉 11장에 멈추었다. 11장의 내용은 더욱 놀랍고 충격적이었다. 죽어서 무덤에 장사된 지 나흘이나 된, 썩은 냄새가 나기 시작하는 시체 나사로를 향해 예수님이 "나사로야 나오라" 하며 말씀으로 명령하고 살렸기 때문이었다. 어떤 종교도 죽은 자를 살려낼 수 있다고 주장하지 않는다. 감히 창조주인 그분만이 할 수 있는 일을 〈요한복음〉에서는 담대하게 말하고 있었던 것이다. 그렇게 놀라워하는 가운데 나에게 한 가지 의문이 생겼다.

'예수님이 살린 나사로는 어떻게 되었을까? 예수님이 살렸으니 지금까지 살아서 예수님을 증언해야 하지 않을까? 그러면 사람들이 예수님을 믿지 않으려야 않을 수 없을 텐데…. 죽은 나사로는 지금 어디에 있을까?'

이것은 성경을 읽기 시작하면서 처음으로 품게 되었던 물음이었다. 물음을 붙들고 화두 수행을 해온 습관대로 나는 좌선하는 모습으로 아주 오랫동안 〈요한복음〉 11장에 머물렀다. 하지만 이 물음이 쉽사리 해소되지 않았다. 답답한 마음에 나는 법당을 뛰쳐나가 교회에 다니는 사람들을 찾아갔다. 그리고 물었다.

"죽은 나사로, 지금 어디 있습니까?"

나의 물음에 사람들은 황당해했다. 게다가 땡중 생활을 하던 내 입에서 성경에 관한 질문이 나왔으니 더 황당했으리라. 사람들은 '나사로, 지금 천국 가 있다'고 천편일률적으로 대답했다. 하지만 나는 그 대답에 이상하게 수긍이 되지를 않았다.

'죽은 나사로가 지금 어디에 있을까?'

목에 가시가 걸린 것처럼 영 개운치 않은 마음으로 다시 소록도로 돌아왔다. 아침저녁으로 목탁 치고 낮에는 몰래 성경을 읽던 어느 날이었다. 좌선을 하고 있는데 내 눈앞에 환한 빛이 임했다. 그 속에는 한자 '鏡'이 있었다.

'거울 경(鏡)자다!'

성경(聖經)에서 '경'(經)은 책, 글자를 말한다. 그런데 내 눈앞에서 빛을 발하던 '경'(鏡)은 글자가 아니라 거울이었다. 너무 놀라서 눈을 질끈 감았다가 다시 떠보았지만 사라지지 않았다. 오히려 거울 '경'(鏡)자가 더욱 어른거렸다. 나는 환한 그 거울을 들여다보았다. 거울 속에는 내가 찾던 나사로가 있었다. 그 나사로는 바로 나였다.

'그렇구나. 내가 말씀으로 다시 살아난 나사로구나!'

'그렇구나. 내가 날 때부터 맹인이었다가 예수를 만나 눈을 뜬 그 소경이구나!'

'죽은 나사로가 지금 어디에 있는가'라는 화두와 같은 나의 물음에 하나님은 화두와 같은 글자 '경'(鏡)으로 응답해 주셨다. 처음 법당에서 강권적으로 역사하실 때와는 다른, 말로는 형용할 수 없는 기쁨과 감격이 나를 벅차게 했다. 하나님은 나에게 가장 적합한 언어, 화두로 다가와 주시고 내 영혼을 깊이 얼싸안아 주셨다. 영적인 소경이었던 나는 그렇게 내게 행하시는 하나님의 일을 통해 믿음이라는 귀한 선물을 받게 되었다.

예수 내 구주

　　나는 더 이상 집으로 돌아갈 수 없었다. 막내아들
만큼은 원불교 교역자가 되리라 굳게 믿으셨던 부모님의 실망은 이만
저만이 아니었다. 어딘가에서 성경 공부를 하고 있으면 가족들은 어떻
게 알았는지 찾아오셨다. 가족들의 만류와 회유에도 불구하고 이미 예
수 그리스도를 알아 버렸으므로, 예수 그리스도를 만났으므로 나는 돌
이킬 수가 없었다. 누구보다 나를 사랑하셨던 부모님을 실망시킨 일이
너무나 가슴 아팠지만 나 또한 어쩔 수가 없었다. 이전에 큰스님이 되
고자 일부러 집을 떠났는데 예수를 믿고 나니 저절로 본토, 친척, 아비
의 집을 떠나게 된 것이다. 전에는 다시 집으로 돌아오리라는 기약이
어렴풋이나마 있었지만 이제는 그런 기약마저 사라진 듯했다. 그것은
내 마음대로 되는 것이 아니었다. 이제는 내 영혼의 아버지이신 하나님

의 뜻대로 되는 것이기 때문이다.

육신의 아버지와 육신의 집을 떠나서 영혼의 아버지와 영혼의 집으로 향하게 된 내가 이른 곳은 군대였다. 특별한 상황이 아니라면 군대에서는 신앙생활에 자유가 있다고 들었기 때문에 늦은 나이에 지금의 환경을 벗어나고자 자원 입대를 하게 된 것이다. 군 입대는 이전의 삶에서 나 자신을 분리시키기 위한 결단이었다. 하지만 막상 입대를 하고 보니 영적, 신앙적으로 넘어야 할 산이 참 많았다. 오히려 고난의 강도는 더욱 세졌다.

일단 사탄의 공격이 군대 막사에서도 쉬지 않았다. 논산에서 신병 훈련을 받았는데 갑자기 헛것이 보였다. 화장터에서 수도 없이 보았던 그 죽은 사람들의 모습들, 환청과 환상들이 나를 괴롭혔다. 보는 것, 듣는 것이 너무나 헷갈리던 때였다. 극심한 공포 속에서 잠만 자면 옷에다 오줌을 지리거나 심지어 변까지 보는 봉변도 겪었다. "마음이 청결한 자는 복이 있나니 하나님을 볼 것이요"라고 예수님께서 말씀하셨는데 거기에서 청결하다는 말은 마음이 하나인 사람이다. 그런데 그 당시에 나는 사탄의 공격으로 마음이 하나가 아니라 마음이 열 개, 백 개가 된 것이었다. 보이지 않는 악한 영들은 한 달이 넘도록 내가 하나님께로 향하지 못하도록 너무나 집요하게 들러붙었다.

훈련소에서 내가 할 수 있는 일이란 하나님께 더욱 매달리고 훈련에 몰두하는 것밖에 없었다. 영적인 눌림이 심할수록 더욱 말씀을 파고들었다. 파란색 군대용 포켓성경을 왼쪽 가슴 주머니에 넣고 다니다 휴식 시간이 되기가 무섭게 꺼내서 봤다. 미친놈처럼 성경을 읽고 그것도 모자라 〈요한복음〉을 한 장씩 찢어서 먹기도 했다. 그러다 논산훈련소에서 첫 주를 보내고 훈련소 내에 있는 연무대 교회에 출석하게 되었다. 언젠가 친구들에게 '왜 꼭 교회에 가서 예배를 드려야 하는가? 집에서 혼자 예배드리면 안 되나?' 하고 물었던 적이 있었다. 그런데 예배를 드려 보니 그 이유를 알 것 같았다. 교회에 들어서면서부터 내 안에서는 알 수 없는 복받침이 있었다. 예배가 시작되자 특별한 이유가 없는데도 눈물이 흘러내렸다. 스피커를 통해 예배당에서 울리는 인도자의 음성과 하나님을 찾는 뜨거운 청춘들의 함성, 그 안에서 역사하시는 성령의 임재로 내 마음에 하염없는 감동이 일어났다. 첫 예배뿐 아니라 훈련소에서 드리는 매 예배마다 나는 눈물범벅이었다. 놀라운 점은 예배생활을 하니 홀로 성경 묵상을 할 때에도 말씀이 더욱 깨달아지는 은혜가 있었다. 찬송을 부르며 마음이 평안해지고 청결해지는 것도 느낄 수 있었다. 그러다 보니 훈련기간 내내 나를 집요하게 괴롭히던 악한 영들이 내 곁에서 차츰 사라져갔다. 놀라운 예배의 경험이 아닐 수 없다.

하나님께 매달리며 신병 훈련도 얼마나 열심히 받았던지 수천 명의 사단병력 훈련병들 중에서 1등으로 수료하고 사단장(two star) 상까지 받게 되었다. 군대 훈련소에서는 민간인이나 다름없는 훈련병이 집중적인 훈련을 거치며 단기간에 군인으로 변화된다. 나에게 훈련소는 세상 나라에 살던 사람에서 하나님 나라의 사람으로 변화된 곳이었던 것 같다. 하나님께서 허락하신 그 고난 속에서 하나님을 더욱 찾으며 그것을 오히려 정복하고 다스림으로써 하나님께서 주시는 상까지 받게 된 것이 아닐까 생각해 본다.

그리고 뜻밖에도 나는 법무부 산하 교도소 병력으로 차출(差出)이 되었다. 태권도 유단자이기에 그랬을까 아니면 무슨 뜻이 있어서 그랬을까. 신병 훈련 성적이 좋고 무술 유단자인 훈련생 중에서 200명을 뽑아서 전국 교도소로 보내는데 내가 거기에 포함된 것이다.

법무부 차출 병력은 일반 군인처럼 총을 쏘며 전투 훈련을 받지 않는다. 대신 교도소에 배치되기 전에 법무연수원에서 4주간의 별도 훈련을 더 받아야 했다. 교도소 관련법을 공부하고 사형을 집행할 때나 재소자를 호송하거나 난동을 부릴 때 제압하는 포승술 같은 훈련을 받아야 했다. 이때 눈이 번쩍 뜨이는 얘기를 듣게 되었다. 4주간의 훈련기간 동안 종합성적을 환산해서 10등까지는 훈련병이 원하는 교도소에 가서 복무할 수 있다는 것이었다.

순간 소록도 교도소가 떠올랐다. 소록도에도 교도소가 있었다. 어느 날 갑자기 한센병에 걸린 환자들 중에는 죄를 짓는 이들이 있었다. 자포자기하는 심정으로 죄를 짓기 때문에 큰 죄를 짓기 쉬웠고 그래서 소록도 교도소에는 장기 복역하는 무기수들이 많았다. 소록도에서 땡중 생활을 하던 시절 소록도 교도소를 알게 되었는데 그곳이 소록도에서도 더 낮고 소외된, 더 많은 사랑이 필요한 곳이라고 여겨져서 부처를 전하러 종종 그곳에 가곤 했었다.

교도소 경비교도대 훈련병 중에서 나는 종합성적 4등을 받았다. 그래서 내가 원하는 교도소에 자원 배치될 수 있었다. 소록도에는 군인이 필요 없다고 해서 전주교도소로 지원을 했다. 전주교도소의 담장 사방 모퉁이에는 큰 망대가 있다. 그 망대에서는 혼자서 보초를 서기 때문에 나는 그 기회를 이용해 성경을 읽곤 했다. 그러던 어느 날 내가 야간 보초를 설 때였다. 야간에는 재소자의 탈옥이 있을 수 있으므로 교도소 망대 보초병은 수시로 보고를 해야 했다. 중대 본부 요원이 순찰 중 신호를 보내면 보초병은 즉각 "3초소 근무 중 이상 없습니다" 하고 응답해야 한다. 그런데 그만 성경을 보다가 보고를 하지 못한 것이다. 중대 본부에서는 무슨 일이 벌어진 줄 알고 고참 두 명을 다급하게 망대로 올려 보냈다.

작은 소리도 크게 들리는 깊은 밤, 건장한 남자 둘이 거칠게 철문을 열어 젖히고 철 계단을 요란하게 뛰어 올라오는데도 나는 까마득하게 듣지 못했다. 세상모르고 성경책을 보고 있다가 고참들이 망대 초소 안으로 들이닥쳐서야 사태 파악을 했지만 이미 때는 늦어버렸다. 근무태만으로 감방에 갈 수 있는 상황이었지만 주님의 은혜로 죽도록 맞고 끝났다. 예수님이 내 구주 되심을 시인하며 기쁨으로 맞았다. 예수 내 구주. 예수 내 구주.

죄와 죽음에서 자유

교도소에서 복무하는 군인들이 하는 일 중에는 죄인을 호송하는 일도 있다. 재소자들 중에는 최종 판결을 받은 사람들도 있지만 재판이 진행 중인 경우도 많아서 그들을 법원과 교도소로 호송하는 일을 군인들이 한다. 그런데 법정에서 판사의 판결을 받는 재소자와 그 가족, 특히 어머니를 지켜보는 일은 참 가슴 아프다. 자식이 무서운 죄를 짓고 무기징역형 혹은 사형을 언도받아도 어머니는 당신의 자식이 그런 죄를 지었음을 부인하고 끝까지 자식을 감싸다 끝내 오열하곤 했다. 어머니에게 만큼은 죄인이 아니라 배가 아파서 직접 낳은 내 자식일 뿐이기 때문이다.

법정에서 그런 어머니들을 바라보며 나는 예수를 낳은 마리아를 생각했다. 예수는 제대로 된 재판도 거치지 못한 채 십자가형을 언도받고 십자가에 못 박혀 죽으셨다. 아들이 군인들에게 모진 고초를 당하고 무거운 십자가를 지고 예루살렘 성 밖에 있는 골고다 언덕으로 가서 십자가에 못 박혀 물과 피를 다 쏟고 숨이 끊어지는 것을 마리아는 지켜보았다. 그때 마리아는 어떻게 하였는가? 마리아의 모습은 법정에서 봤던 그 어머니들과 달랐다. 마리아는 아들과 함께 아파하고 울며 그저 지켜볼 뿐이었다. 예수가 모진 고초를 당하면서도 신음소리조차 크게 내지 않았듯이 마리아 역시 극도로 잠잠하였던 것이다.

그렇다면 예수가 죄가 있기에 마리아가 잠잠하였던 것일까? 당시 로마 통치 아래에서 가장 중한 형벌이었던 십자가형을 받았던 예수의 죄명은 신성모독이었다. 유대교의 대제사장과 제사장들은 나사렛이라는 촌 동네에서 온, 외모도 자랑할 만한 것이 없던 청년 예수가 하나님의 아들이라는 것을 믿지 못하고 도리어 예수가 하나님을 욕되게 한다고 생각했다. 날 때부터 소경인 자의 눈을 뜨게 하고, 죽은 사람을 살리며, 귀신을 내쫓는 이적들을 목격하고도 유대교의 지도자들은 구약에서 끊임없이 예언된, 그 메시아로 예수를 영접하지 못했다. 예수께서 아이가 가져온 떡 다섯 덩이와 물고기 두 마리를 가지고 오천 명을 배불리 먹게 하시자 그 떡과 물고기를 먹고 배부른 유대인들은 예수를 유대인의 왕으로 기꺼이 모시고자 했다. 하지만 유대인들 역시 예수를 육신의 필요를 채워 주는 세상 임금이자 로마의 지배하에 있던 이스라엘을 멋지게 구원하여 줄 정치적인 왕으로만 갈망하였을 뿐이었다. 아들 예수를 통해, 죄와 죽음의 올무에 갇힌 사람들을 구원하여 천국 영생으로 이르게 하시는 아버지 하나님의 그 뜻대로, 유대교의 제사장들과 유대인들은 신성모독이라는 죄명으로 예수를 기소하였던 것이다. 로마의 총독이었던 본디오 빌라도는 기소된 예수에게 이렇게 물었다.

"네가 유대인의 왕이냐?"

'마리아와 요셉 사이에서 태어난 네가 어떻게 유대인의 왕이고 하나님의 아들이란 말인가?' 하는 물음이었다.

예수가 사람의 아들인지 하나님의 아들인지 가장 잘 아는 사람은 누구인가? 바로 마리아였다. 누구보다 진실을 잘 알고 있던 마리아는 빌라도의 법정에서 침묵했다. 만약 마리아가 성령으로 예수를 잉태한 것이 아니라 육신적인 관계로 낳은 아들이었다면 그렇게 침묵할 수 있었을까? 예수의 그 피 흘림을 그저 묵묵히 지켜볼 수 있었을까?

나는 법정에서 울부짖는 사형수들의 어머니들을 보면서 '계집종이오니 하나님 나를 써주십시오'라는 마리아의 간구에 응답하시어 하나님께서 그 여인의 자궁을 빌려 태어난 것이 더욱 사실로 받아들여지게 되었고 확신을 갖게 되었다.

사형을 언도받은 죄인들은 '나보다 더 지독한 죄를 지은 사람도 많은데 왜 하필 나인가!'라는 항변과 함께 난동을 부렸다. 그들의 입장에서는 법정에서 죽든 나중에 사형되어 죽든 상관이 없으므로 엄청난 충격과 스트레스 속에서 돌발행동을 했던 것이다. 나는 반항하고 몸부림치는 사형수들을 단단히 결박해서 다시 교도소로 데리고 가야 했다.

사형을 언도받은 죄인을 감방으로 데리고 가는 그 길은 뭐라고 형용하기 어려운 느낌이 있다. 내가 그의 한쪽 팔을 꽉 붙든 상태였지만 그는 이미 죽음으로의 먼 여행을 떠난 듯 눈빛이 공허했다. 이제는 사형수가 된, 삶의 가능성을 상실한 그의 영혼에 다가가 눈빛으로, 사랑의 에너지로, 하나님의 사랑을 전하고 싶었다. 죽음으로 성큼 향하는 그를 나는 진정 붙들고 싶었다.

하나님께서 당신의 하나밖에 없는 아들을 이 땅에 보내신 이유가, 죄로 인해 죽을 수밖에 없는 우리를 살리기 위함임을 말하고 싶었다. 2000년 전에 예수께서 이미 우리를 대신하여 십자가에 죽으셨으니, 그 '예수를 믿노라'고 영접하면 사나 죽으나 영원한 하나님 나라에서 산다는 것을, 그 생명의 진리를 죽음이 예비된 사형수에게 전하고 싶었다.

나는 독방에 수감되어 있는 사형수들에게 몰래 찾아갔다. 그들에게 하나님의 마음이 잘 전해지길 바라는 간절한 마음으로 나에게 찾아오신 성령 하나님의 말씀을 조심스럽게 전했다. 십자가에 우리의 죄와 죽음이 달려 있다고 그래서 이 사실을 믿음으로 영이 육을 지배하는 영생의 주인공이 되기를 간절히 축복했다.

어느 날인가 독방에 갇힌 사형수에게 예수를 전하려고 조용히 찾아갔다. 독기가 시퍼렇던 그는 내가 찾아갈 때마다 내 눈을 확 뽑아버리겠다는 등 악담을 퍼부었다. 으레 그러려니 생각하고 나는 감방 문 가까이에서 "하나님의 아들인 예수가 죄인인 우리를 위해 피 흘려 죽으셨고 예수를 그리스도로 영접하기만 하면 그 피가 우리의 죄를 깨끗이 씻어 주고 예수처럼 다시 살 수 있다"는 복음을 소리쳐 외쳤다.

독방의 철문을 사이에 두고 안쪽에서는 저주가, 바깥쪽에서는 복음이 오고 갔다. 예수께서 당신의 문 밖에 서서 기다리고 있음을 얘기하는데 사형수가 갑자기 독방 안으로 후다닥 달려 들어가더니 이내 뭔가를 들고 나를 향해 와락 끼얹고는 악을 썼다.

"나만 죄졌냐? 나보다 더 악질들도 있는데 왜 나만 죽어야 하냐! 하나님이 있다면 왜 그들은 가만히 두냐! 예수가 어디 있다는 거냐?"

내 얼굴에는 사형수의 똥물이 줄줄 흐르고 있었다. 감방 안 화장실에다 받아놓은 똥물 그릇을 내 얼굴에 뿌려버린 것이었다. 나는 정신이 아찔해졌다. 나를 아찔하게 했던 것은 똥물 때문이 아니었다. 하나님을 손가락질하는 그 사형수의 절규 때문이었다. 그걸 듣는 순간, 내 마음이 덜컥 내려앉았다.

'나도 저렇게 하나님을 욕되게 하고 대적했었는데….'

똥물을 흠뻑 뒤집어쓰고 냄새나는 얼굴로 나는 나의 죄를 절절히 경험하게 되었다.

'하나님, 저도 옛날에 저런 모습이었습니다.'

'저도 옛날에 저렇게 하나님 없다고 손가락질했습니다.'

똥물을 뒤집어쓴 채 나는 눈물을 흘릴 수밖에 없었다. 나에게만큼은 하나님께서 성경을 거울로 주셨는데 나를 미워하던 고참들과 나에게 똥물을 끼얹은 사형수 역시 나를 비추는 거울임을 깨닫게 하셨다. 나를 미워하는 그들은 바로 미워했던 나였던 것이다.

'아~ 회개는 내가 하는 것이 아니구나. 회개하는 것 또한 하나님의 전적인 은혜구나.'

하나님께서 강권적으로 나를 예수 믿게 하셨듯이 죄가 죄인 줄도 모르고 살던 나에게 그 죄를 다시 경험시켜줌으로써 뼛속 깊이 회개하도록 하나님께서 친히 인도하신다는 것을 깨닫게 되었다. 하나님의 일방적인 죄 씻음의 은혜를 온몸으로 느끼며 나는 더욱 가슴 깊이 하나님을 경외하게 되었다.

세례식, 장례식, 결혼식

나는 성경을 읽다가 예수를 믿고 나면 세례를 받는다는 사실을 알게 되었다. 나는 세례가 너무나 받고 싶었다. 하지만 졸병 신세에 주일에 교회에 갈 수 없는 때라 어떻게 세례를 받아야 할지 몰랐다. 그러던 중 하루는 교도소 제1통문에서 보초를 서고 있는데 고참이 이렇게 지시했다.

"오늘 목사님이 오실 테니 목사라고 신분을 밝히면 문을 열어드려라."

'목사님?'

나는 속으로 쾌재를 불렀다. 목사님을 가까이 모실 기회를 얻게 된 것이 무엇보다 반가웠다. 잠시 후 누군가 통문으로 다가와 이렇게 말했다.

"이의정 목사라고 합니다. 문을 열어 주십시오."

보초를 서던 나는 당돌하게 대답했다.

"문을 열어 줄 수 없습니다."

당연히 문이 열릴 줄 알았던 목사님은 당황스러워하며 물으셨다.

"아니 당신이 누군데 문을 안 열어 준다는 것이죠? 오늘 기독교인 재소자들의 예배를 인도해야 합니다. 어서 문을 열어 주세요!"

교도소 교정위원이셨던 청명교회 이의정 목사님은 기독교 방의 재소자들을 가르치는 목사님이었던 것이다.

"왜 오늘따라 나를 막는 거요?"

격앙된 목사님의 목소리에 나는 태도를 바꾸어 간청하기 시작했다.

"사실은 제가 목사님을 막으려는 게 아닙니다. 제가 예수님을 믿게 되었는데 아직 세례를 못 받았거든요. 그러니 세례를 해 주겠다고 약속하시면 이 문을 열어드리겠습니다."

목사님은 나의 대답을 듣고 황당해하시다 이내 껄껄 웃으셨다.

"좋소. 보아하니 예수 믿은 지 얼마 되지 않은 것 같군요. 그런데 지금은 아무런 준비가 안 되었으니 다음번에 올 때 세례를 베풀어드리지요."

참으로 애타게 찾던 참 진리를 너무나 극적으로 만나서인지 나는 첫사랑에 들뜬 어린 신부 같았던 것 같다. 내가 죄와 사망에서 건짐을 받았다는 강한 믿음과 확신이 있었기에 나는 세례받기를 간절히 소망했다. 예수님의 사랑에 눈뜬 어린 신부와도 같던 나에게 이의정 목사님은 학습세례를 통해 차분하게 어떻게 하나님의 사람으로 살아가야 하는지에 대해 알려 주셨다.

아름답고 신령한 모든 것이 하나님께로부터 오는 것이지만 구원만큼은 더욱 하나님의 전적인 은혜로 이루어진다. 그러나 구원받은 후 세례를 받고 하나님 백성으로 살아가는 데에는 사람의 결단과 순종이 요구된다. 이러한 신앙의 원리는, 하나님께서 아브라함의 후손인 이스라엘 민족을 애굽의 고된 노예 생활에서 탈출하게 한 출애굽 사건을 통해서 알 수 있다.

유월절 후 7일 동안 지켜야 하는 무교절의 규례인데 이것은 구원받은 후 어떻게 살 것인지에 대한 삶의 규례로 볼 수 있다. 특별히 누룩이 없는 빵, 무교병을 먹을 것을 말씀하셨다. 누룩은 죄악된 생활을 말하는 것으로 이것이 죄와 사망에서 구원받은 백성들을 다시 죽음으로 내몰 수 있음을 하나님께서는 엄중히 경고하셨다. 하나님은 언제나 우리에게 미리 경고하신다. 사람이 얼마나 연약한 존재인지 아시는 하나님은 당신이 사랑하여 당신의 열심으로 구원한 백성들이 다시 죄와 사망의 올무에 걸리지 않기를 원하신다. 바로와 애굽에 열 가지 재앙과 이적을 드러내신 이유는 자기의 힘과 헛된 우상을 의지하며 하나님 없는 헛된 세계를 추구하며 헛되게 살아가는 그들을 심판하신 것이지만, 동시에 땅 위의 아무리 강성한 나라와 그 임금일지라도 하늘에 계시는 하나님 앞에서는 한낱 속히 베이는 풀 같은 존재라는 것을 당신의 자녀들에게 깨우쳐 주기 위함이다. 오직 믿고 의지할 단 한 분, 하나님께 모든 것을 의탁하고 그 말씀대로 살아갈 때에 비로소 사람에게 참된 평안과 기쁨이 있는 것이고 그것이 바로 누룩 없는 삶이요, 선을 행하는 것이며 죄를 다스리는 길임을 각인시키신다. 이것은 예수님만을 전적으로 의지할 수밖에 없는 '오직 예수'의 삶이기도 하다.

훗날 나는 예수를 믿는다는 것은 자연적 육체의 죽음이 오기 전에 미리 죽음을 선포하는 것임을 알게 되었다. '아! 나는 이미 죽었구나' 깨닫고 살아가는 삶이 예수 믿는 자의 삶인 것이다. 세례를 받음으로써 그리스도인이 되는 것은 "나는 이미 죽었습니다" 그리고 "나는 이제 예수로만 삽니다" 하고 고백하는 것이며 그때부터 실제로 그렇게 살아야 하는 것이다. 세례식은 어떻게 보면 타락한 본성의 내가 죽는 장례식이요, 신랑이신 예수가 다시 오실 때까지 정결한 신부로 살 것을 맹세하는 결혼식이다. '나는 날마다 죽는다'고 했던 사도 바울과 '주 예수여 어서 오시옵소서' 했던 사도 요한은 이러한 세례 의식으로 살아가는 삶을 우리에게 권하고 있는 것이다.

네가 나를 사랑하느냐

　　진정한 결혼의 의미를 알아차리고 마침내 나는 대학 시절 동아리에서 알게 된 자매와 결혼 예식을 치렀다. 그리고 1990년 3월 10일 우리가 손잡고 떠난 신혼여행의 첫날밤은 소록도에서였다. 신혼여행이라기보다는 사랑하고 존경하는 친지에게 인사를 갔다는 표현이 맞을 것이다. 소록도에 계신 한센병 할머니, 할아버지들은 우리를 참으로 반가워하셨다. 당신들의 7년 기도의 열매이자, 예수님 안에서 새로운 피조물로 다시 태어난 나를 정말 자랑스러워하셨고 우리의 결혼을 함께 기뻐해주셨다.

　신혼여행에서 맞이한 주일, 우리는 소록도 신성교회에서 한센병 할아버지, 할머니들과 함께 예배를 드렸다. 목사님의 설교 말씀에 큰 소리로 "아멘!"을 외치고 뜨겁게 하나님을 찬양하는, 기쁨과 감사가 넘치는 예배였다.

'이분들과 가까워지고 싶고 하나가 되고 싶어 그토록 몸부림쳤는데…. 이제야 비로소 한 형제자매가 되었구나.'

예수 안에서만 진정한 하나가 될 수 있음을 깨닫게 되니 감동이 북받쳐 올랐다. 나는 너무나 감동한 나머지 손에 끼고 있던 결혼반지를 헌금 바구니에 넣고 말았다.

'제 영혼의 뜨거운 간구에 응답해 주시는 하나님, 감사합니다. 저는 당신의 것입니다. 저를 하나님의 일에 요긴하게 사용해 주세요.'

물론 아내에게는 말할 사이도 없었다. 나중에 내 손가락에 반지가 없음을 알아차리고 아내가 물었다. 나는 뜨끔했지만 사실대로 털어놓았다.

아내는 하나님께서 참으로 기뻐하시는 사랑스러운 신부였다. 신혼의 달콤함을 시기라도 하듯 주님께서는 나에게 말씀으로 찾아오셨다.

'네가 나를 사랑하느냐?'

목회자의 사명(使命)에 대한 말씀이 나를 때렸다. 그리고 예수님께서 나를 친히 부르셨다.

"네가 정말 나만을 사랑하느냐?"

〈요한복음〉 21장의 말씀이었다. 십자가에서 죽으신 후 부활하신 예수님이 몇 차례에 걸쳐서 제자들에게 자신을 드러내셨는데 이 〈요한복음〉 21장은 디베랴 호수에서 나타나신 때의 이야기이다.

"요한의 아들 시몬아 네가 이 사람들보다 나를 더 사랑하느냐."

"주님 그러하나이다. 내가 주님을 사랑하는 줄 주님께서 아시나이다."

그러자 예수님이 말씀하신다.

"내 어린 양을 먹이라."

이윽고 예수님이 베드로에게 다시 물으신다.

"요한의 아들 시몬아 네가 나를 사랑하느냐."

"주님 그러하나이다. 내가 주님을 사랑하는 줄 주님께서 아시나이다."

"내 양을 치라."

여기에서 그치지 않고 예수님은 같은 질문을 또 하신다.

"요한의 아들 시몬아 네가 나만을 사랑하느냐."

그러자 세 번씩이나 예수님을 사랑하는지 묻자 베드로가 근심스럽게 대답한다.

"주님 모든 것을 아시오매 내가 주님을 사랑하는 줄을 주님께서 아시나이다."

예수님이 마침내 또 말씀하신다.

"내 양을 먹이라."

베드로가 누구인가. 예수님의 공생애 기간 동안 '예수는 그리스도시요 살아계신 하나님의 아들'이라고 신앙 고백을 했던 예수님의 수제자였으나 예수님께서 고난당하실 때 예수님을 세 번 부인하고 십자가에 못 박히실 때에도 그곳에 있지 않았던, 연약하기 그지없는 인물이었다. 그런 베드로에게 예수님께서는 "네가 나를 사랑하느냐?"라고 물으셨다. 이때 베드로는 "주님 그러하나이다"라고 대답했다.

돈, 명예, 아내, 남편, 자식, 예수 등 여러가지 중에 예수를 사랑하는 것이 아니라 변함없이 예수님만 사랑한다고 고백한 베드로에게 예수님이 말씀하신다.

"내 양을 먹이라."

〈요한복음〉의 결론인 셈이다. 성경 어디에도 목사가 되라는 직접적인 표현이 없지만 나는 오직 이 질문과 대답을 통과한 자만이 목사가 될 자격이 있다는 의미로 성경을 보았다. 목사(牧師)는 원래 양을 치는 사람, 즉 사람을 양육하고 가르치는 선생이라는 뜻이다. 그러나 나는 나무 목(木)자를 써서 십자가(十)를 사람(人)이 짊어지고 가는 형상을 상상했다. 십자가를 짊어지고 죽는 자가 '목사'(木死)라는 생각이 들었다. 참 목자는 계급장이 아닌 양을 위해 목숨을 내놓는 삶이 살아 있는 자이다. 그런 삶을 살았던 분이 바로 예수님이다.

예수님이 베드로에게 말씀하셨다. 그리고 나에게도 말씀하셨다.

"나를 따르라."

"내가 진실로 진실로 네게 이르노니 젊어서는 네가 스스로 띠 띠고 원하는 곳으로 다녔거니와 늙어서는 네 팔을 벌리리니 남이 네게 띠 띠우고 원치 아니하는 곳으로 데려가리라"(요 21:18)

하나님께 빚진 마음

신학대학원에 입학을 하니 아내는 무척 좋아했다. 전부터 내가 성경 공부하는 것을 늘 반기고 격려해 준 사람이 아내였다. 아내 역시 말씀을 사모하는 마음이 강하기 때문이다.

"전주에서 대전까지 다니려면 힘들 텐데, 마침 약국 열면서 세금 환급받은 것이 있으니 그걸로 차를 사서 공부하러 다니면 어떨까요?"

아내는 작은 소형 자동차를 마련해 주는 것은 물론, 내가 사람들에게 밥 사 주길 좋아하는 걸 알고 있었기에 용돈도 듬뿍 주었다. 이른 아침부터 늦은 저녁까지 혼자서 약국을 경영하는 것은 결코 쉽지 않았을 것이다. 잠시라도 마음 편히 바깥 출입을 할 수 있는 일이 아니잖은가. 그럼에도 아내는 하나님께서 주신 귀한 일이라고 생각하고 약국을 하여 번 돈으로 살림을 꾸려 나갔고 나를 통해 일하고자 하시는 하나님을 바라보며 내가 신학을 하도록 전폭적으로 밀어주었다.

그 무렵 첫아이 하늘이가 태어났다. 나는 아내와 딸을 통해서 하나님의 사랑하심을 더욱 구체적으로 느낄 수 있었다. 내가 아내와 딸에게 느끼는 사랑, 아내의 사랑 그리고 연약한 갓난아이 딸을 안으며 하나님의 사랑하심과 돌보심, 그 가운데 하나님의 마음이 피부로 느껴졌다.

하나님께서는 나에게 사랑과 은혜를 넘치도록 부어 주시었다. 너무나 감사했다. 이때 나의 마음은 〈누가복음〉 15장에 나오는 용서받은 탕자 같았다.

어떤 사람에게 두 아들이 있었다. 둘째가 아버지에게 재산 중에서 자기 몫을 달라고 해서는 그 재물을 가지고 먼 나라로 가서 허랑방탕하게 살며 모두 탕진한다. 그 아들은 알거지가 된데다 그 나라에 흉년까지 들어서 일자리마저 구하지 못하다 간신히 돼지 치는 일을 하게 된다. 너무 배가 고팠던 그는 돼지가 먹는 쥐엄 열매라도 먹으려고 사람들에게 구하나 흉년이 심한지라 그것마저 주는 자가 없었다. 그러자 그 아들은 생각한다.

> "내 아버지에게는 양식이 풍족한 품꾼이 얼마나 많은가. 나는 여기서 주려 죽는구나. 내가 일어나 아버지께로 가서 이르기를 내가 하늘과 아버지께 죄를 지었사오니 지금부터는 아버지의 아들이라 일컬음을 감당하지 못하겠나이다. 나를 품꾼의 하나로 보소서 하리라"

둘째 아들은 결국 고향으로 돌아간다. 그런데 아들이 돌아오는 것을 아버지가 발견한다. 거리가 먼데도 아들인 것을 알아차리고 달려간다. 그의 몰골을 보고 아버지는 측은히 여기고 아들의 목을 안고 입을 맞춘다. 아들은 아버지에게 말한다.

> "아버지 내가 하늘과 아버지께 죄를 지었사오니 지금부터는 아버지의 아들이라 일컬음을 감당하지 못하겠나이다"

깊이 뉘우치고 자신의 모든 권리마저도 다 포기하고 일개 품꾼으로라도 받아 달라는 아들을 안고 아버지는 종들에게 말한다.

> "제일 좋은 옷을 내어다가 입히고 손에 가락지를 끼우고 발에 신을 신기라 그리고 살진 송아지를 끌어다가 잡으라 우리가 먹고 즐기자 이 내 아들은 죽었다가 다시 살아났으며 내가 잃었다가 다시 얻었노라"

그런데 나는 〈누가복음〉 15장이 미완성 작품 같다는 생각을 했다. 예수님이 이상하게도 같은 자리에서 똑같은 의미의 이야기를 세 가지 각기 다른 비유로 말씀하셨기 때문이다. 〈누가복음〉 15장에는 위에 언급된 잃어버린 아들 비유에 앞서, 잃어버린 양, 잃어버린 드라크마 비유의 말씀이 있다. 이 세 가지 비유는 모두 잃어버린 것을 되찾는 것이다. 이 비유의 말씀을 통해 하나님께서 당신의 잃어버린 어린 양, 잃어버린 아들, 잃어버린 은전을 되찾았을 때 얼마나 기뻐하시는지를 조금이나마 구체적으로 헤아릴 수 있다. 그런데 나는 이 세 가지 비유의 말씀이 왠지 완결된, 끝난 이야기처럼 느껴지지 않았다. 뭔가 여운이 있음을 느낀 것이다.

'단지 잃어버린 아들을 되찾은 기쁨에서 끝나는 것일까.'

나는 내 육신의 아버지에게도 그 탕자와 같은 아들이었다. 매월 17일은 나에게 조금은 특별한 날이다. 이날은 초등학교 선생님이셨던 아버지의 월급날이었다. 당시에는 사람들에게 밥 사 주는 걸 좋아했지만 학창 시절에는 어묵과 떡볶이를 친구들에게 무척 많이 사 주었다. 집안 형편이 그래도 제법 넉넉한데다 늦둥이 막내아들이었으므로 부모님께서는 나에게 용돈도 꽤 주셨다. 아무리 용돈이 풍족해도 이 친구 저 친구 사 주다 보면 어느새 용돈은 다 떨어졌다. 한창 사춘기를 겪던 시절에는 이곳저곳에 외상을 긋기까지 했다. 나에게는 나름 방탕한 시절이었던 그때 매월 아버지 월급날이면 아버지께 찾아가 외상값 갚을 돈을 받아오곤 했다. 아버지는 그런 나를 한 번도 혼내시지 않았다. 그때마다 나는 아버지께 무척 미안했고 고마웠다. 그런 아버지의 사랑을 받아 보았기에 〈누가복음〉 15장에 나온 탕자의 마음이 어렴풋이 느껴졌다.

'돌아온 탕자는 아버지에게 미안해서 '내가 이 은혜를 아버지에게 어찌 갚을까?' 하는 마음으로 살아가지 않을까?'

그랬다. 나의 모든 허물을 용서해주시고 나를 다시 당신의 아들로 받아 주시는 하늘 아버지의 마음이 무엇인지를 생각하며 살아갈 것이 분명했다. 모든 것이 하나님의 은혜임을 깨닫게 된 자로 나는 하나님께 진 사랑의 빚을 조금이라도 갚고 싶은 마음이 들었다. 하나님을 알기 전에는 육신에 빚진 자로서 장애인들을 섬기는 일에서 기쁨을 찾았다. 하지만 이제는 죽을 수밖에 없는 죄인인 나를 예수님께서 살려 주시고 새로운 생명을 주셨으니 그 은혜에 보답하고 싶은 마음이 들었다. 나는 용서받은 탕자로서 어떻게 하나님을 위해 살아 드릴까 고민하게 되었다.

이 시기 나는 하나님께서 나를 통하여 무엇을 하고자 하시는지 그 '일'을 구체적으로 찾아가는 때였던 것 같다. 하나님께서 나를 앞으로 어떻게, 어떤 모양으로 사용하실지 전혀 알지 못하던 때였으므로 나는 성령님의 인도하심에 전적으로 순종했다.

신학생이었던 그때 나의 신앙적 열심은 정말 특별했다. 그때 희망은 오직 예수님이 다시 오시는 것뿐이었다. 예수님이 다시 오실 것에 대비해야 하는데 주님이 곧 오셔도 내가 받을 상이 없다는 생각이 강렬했다.

땅끝까지 복음이 전해지면 주님은 곧 오신다고 하셨는데 땅끝이라고 생각했던 소련이 1991년 12월 26일 무너졌다. 땅끝에서 주님을 맞이하고 싶은 마음으로 나는 러시아로 이름을 바꾼 그 땅에 가 보고 싶었다. 1993년 여름방학이 시작되자마자 모아둔 돈을 들고 모스크바에 갔다. 처음에는 길어야 2주를 예상했던 단기선교였다. 무작정 떠난 러시아에서 나는 낯익은 얼굴을 만났다. 모스크바 도심의 아르밧 거리에서였다. 그는 그곳에서 그림을 그리고 있는 거리의 화가였다.

"안녕하세요?"

그가 짧은 한국말로 나에게 인사를 건넸다.

"아니, 어떻게 한국말을 해?"

"할머니에게 배웠지요."

친근한 미소를 보이던 그는 우즈베키스탄에서 온 고려인 3세였다. 고향에서 일자리를 구하지 못해 러시아까지 왔다고 했다. 나는 무엇보다 러시아 땅에 나와 비슷한 외모를 가진 사람이 있다는 사실이 신기했다. 그런데 그가 좀 이상해 보였다. 얼굴이 창백한 데다 기침을 쉴 새 없이 해댔다. 알고 보니 그는 결핵을 앓고 있었다. 나는 그를 모른 척할 수 없었다. 아마 그가 결핵 환자가 아니었다면 그저 우연한 만남으로 끝났을지도 모른다.

그는 발 디딜 틈 없는 곳에서 거리의 화가들과 지내고 있었다. 나는 그곳에서 그를 데리고 나와 근처에 방을 하나 구해 그때부터 함께 지냈다. 결핵은 약을 잘 먹고 잘 쉬면 낫는 병이니, 무엇보다 잘 먹이고 편히 쉴 수 있게 해 주었다. 그리고 고려인의 후예인 것을 잊지 말라고 태권도와 한국말도 가르쳐 주었다.

그의 이름은 김 블라지미르였다. 서로 형제가 되자는 뜻으로 그에게 '교'자 돌림자를 써서 '순교'라고 이름을 지어 주었다.

"네 이름은 이제 순교이다, 김순교. 예수 잘 믿고 잘 죽어라!"

나는 순교에게 복음을 전한 후, 그와 함께 거리를 다니며 복음을 전했다. 어떤 날에는 순교가 길에서 사람들의 초상화를 그리면, 그동안 나는 그 사람들을 전도했다. 빵만 있으면 인간은 행복할 수 있다고 말한 칼 마르크스의 공산주의 이론이 무너진 러시아 사람들에게 말했다.

"당신은 하나님이 만든 영적인 존재입니다."

그들을 위해 기도하고 하나님 말씀을 전하는 생활은 참 행복했다. 머리카락이 빠질 것 같은 영하 30~40℃의 추운 날씨 속에서도 성경 공부를 인도하고 돌아오는 발걸음이 얼마나 행복하던지. 먹을 것이 없어도 '예수' 한 분만으로 만족해하며 물만 마셔도 행복했던 시간이었다. 가져갔던 돈은 어느새 떨어지고 아내가 생활비와 순교의 약값을 보내주기도 했지만 그래도 배를 곯는 시간이 많았다.

그렇게 순교와 지낸 지 6개월 만에 순교의 결핵이 말끔히 나았다. 몸을 어느 정도 추스르자 순교는 고향으로 돌아가겠다고 했다. 나는 순교를 그의 고향 우즈베키스탄 타슈켄트까지 데려다주기로 했다. 러시아 모스크바에서 타슈켄트까지는 기차로 꼬박 3박 4일이 걸렸다. 가는 동안 우리는 꼭 붙어 앉아 많은 이야기를 나누었다. 그리고 이별을 아쉬워하며 다시 만날 날을 기약했다.

"언젠가 너에게 다시 갈 것이니 그때 다시 만나자."

나는 그 약속을 꼭 지키고 싶었다. 하지만 그때만 해도 이 작은 약속 하나가 연결 고리가 되어 우즈베키스탄으로 선교를 하러 갈 줄은 꿈에도 몰랐다.

그 시절, 나는 하나님을 깊이 만났다. 가족과 떨어져서 지내니 하나님과 홀로 대면하는 시간이 많았다. 말씀을 실컷 읽고 전도에 힘쓰고 기도도 원 없이 했다. 하나님께서 나를 계속 격려해주시는 것이 느껴졌다. 나는 이 길이 하나님이 원하시는 일이라고 확신했다. 벅찬 마음에 하나님을 위해서라면 앞으로 어떤 일이든 할 수 있을 것만 같았다. 그런데 이 시기에 하나님이 내게 주신 말씀이 있다.

"너희는 가만히 있어 내가 하나님 됨을 알지어다 내가 뭇 나라 중에서 높임을 받으리라 내가 세계 중에서 높임을 받으리라"(시 46:10)

뭔가 해보려는 내 마음을 하나님이 보신 것이 아닐까. 하나님께서는 우리에게 잠깐이라도 가만히 있으라고 말씀하신다. 내가 뭔가 하려고 하는 것을 말리신다. 사울이 예수님을 만난 후 광야에서 홀로 지낸 것처럼 6개월이 짧다면 짧은 시간이었지만, '하나님이 나를 통해 일하시는 것이 이런 것이구나' 하는 것을 조금이나마 느낄 수 있었다.

성경을 내던지다

선교에 대한 소명을 가슴에 품고 한국에 돌아온 나는 전라남도 여수에 있는 은현교회에서 전도사로 사역하게 되었다. 사람들이 나에게 '전도사님'이라고 불렀다. 땡중이었던 내가 전도사로 불리니 처음에는 얼마나 어색하던지. 그래도 감사했다.

'부처를 전하던 나를 예수 전하는 전도사로 세워 주시다니….'

일체가 은혜요, 감사였다. 나 같은 사람을 사용해 주시는 하나님께 너무나 감사해서 교회에서 관리인처럼 먹고 자며 미친놈처럼 일했다. 교회 문 닫고 문 열고 청소하고 새벽기도 차량을 운행하고 새벽기도 저녁기도 눈코 뜰 새 없이 바쁘게 지냈다. 당시 나는 중등부 아이들을 맡았다. 내 특기인 축구를 하면서 아이들과 자연스럽게 어울리고 아내가 준 용돈으로 아이들을 먹이며 열심히 전도하고 양육했다. 그러다 보니 중등부 예배 인원이 기하급수적으로 늘어 내가 전도사를 그만둘 즈음에는 감히 생각할 수 없었던 부흥을 맛보기도 했다.

내가 전도사 생활을 하던 은현교회 김정명 담임목사님은 나에게 스승이 되어 주셨다. 선교는 물론, 목회가 무엇인지 경험이 한참 부족한 나에게 선교지에 가서 섬기는 자로 살도록 그 본을 보여 주셨다. 목사님은 말씀을 선포로 끝내지 않고 사랑의 삶으로 사신 분이었다. 키울 능력이 없는 미혼모의 아이를 당신의 호적에 올려 자녀 삼아 키웠고, 동료 목회자의 아내가 신부전증으로 고통받는 모습을 보고는 당신의 신장을 떼어 필요한 사람에게 준 일은 너무나 유명한 일화이다.

그러다 보니 교회 성도들은 물론 지역 사회에서도 사랑과 존경을 받던 분이었는데 나에게는 말씀으로 살아가는 삶, 말씀을 행동으로 실천하는 모델이 되어 주신 선생님이었다. 무엇보다 나에게 천국 독립군을 푯대로 살 수 있도록 김구 선생님의 얼을 심어 주신 분이다. 교역자들은 물론, 모든 성도에게도 '천국 독립군으로 살자'는 말씀을 끊임없이 해 주셨는데 이것이 그때나 지금이나 목사님의 한결같은 모토이다.

그런데 내가 존경하는 목사님의 말씀을 어긴 일이 몇 번 있는데 그중 한 번이 전도사로서 처음 설교를 하게 되었을 때였다. 그때 설교 제목이 '이 땅의 창녀는 누구일까?'였는데 목사님이 나를 부르시더니 제목을 바꾸라고 하셨다. 하지만 당시 나는 굉장히 격앙된 상태였던지라 목사님의 말씀을 따르지 않고 그 제목대로 설교를 했다. '이 땅에서 몸을 파는 여자만 창녀일까요, 예수 믿는다는 우리가 신랑 되신 예수를 기쁘게 하지 못한다면 우리가 바로 영적인 창녀가 아닐까요' 하는 내용의 설교였다. 내가 이런 설교를 한 데에는 이유가 있었다. 사실, 전도사로서 교회 사역을 하면서 나는 성도들이 신앙생활을 하는 모습을 가까이에서 지켜볼 수 있었다. 이때 나는 크게 실망스럽고 한탄스러운 장면들을 목격하게 되었다. 기독교가 십자가를 숭배하는 종교로 전락한 모습들을 발견하게 된 것이다.

전도사 시절, 목사님을 모시고 심방을 다닐 때였다. 성도들이 식당이나 가게를 개업하면 그곳을 방문해서 예배를 드리는데 헌금 봉투에다 '우리 미용실 잘 되게 해 주십시오', '하루에 손님 몇 명씩 와서 하루 매출 얼마는 꼭 되게 해 주세요' 하는 내용을 써서 목사님께 드렸다. 아픈 사람을 심방해도 기도하고 예배드리고 나면 '병이 꼭 낫게 해 주세요' 하고 기도 제목을 적은 헌금 봉투를 드리는 것을 보면서 어디서 많이 본, 낯익은 모습이라는 생각에 고개가 갸웃해졌다. 나는 놀라지 않을 수 없었다. 바로 무당들이 많다는 계룡산 굿판에서 내가 보았던 모습이었다. 나는 당혹스러웠고 엄청난 의심이 나를 사로잡았다.

'이것이 무당한테 하는 것과 무엇이 다른가.'

대상만 달라졌을 뿐 내 눈에는 소원을 이루게 해 달라며 부처한테 시주하고 무당한테 굿을 해 달라는 것과 같아 보였다. 전도사인 나에게마저도 이런 봉투를 주는 게 아닌가. 그때 나는 굉장히 역정을 냈다.

"무당에게 푸닥거리 부탁하는 것도 아니고…. 차라리 배고플 때 밥 사먹으라면 모를까, 이런 봉투는 받지 않습니다."

어떤 조건을 요구하는 기도 내용 자체가 하나님을 우상의 대상으로 바라본다는 것을 알게 되었다. 상당히 많은 성도가 자신의 이기적인 목적을 위하여 하나님을 그리고 십자가를 우상화해서 섬기고 있다는 생각이 강하게 나를 사로잡았다. 신앙이 어릴 때에는 어떤 조건을 요구하는 기도를 할 수도 있다. 하지만 신앙의 연조가 늘어갈수록 믿음이 자라야 하는데 성도들의 신앙이 늘 '돈 놓고 돈 먹기'식의 복만을 추구하는 데에 머물고 있었다. 병자와 귀신들린 자를 고치고 배고픈 사람들에게 먹을 것을 주시는 예수님의 그 이적과 능력만을 좋아했다. 예수님께서 치욕과 모멸을 견디며 짊어지고 갔던 십자가의 길에서는 다 흩어졌던 이스라엘 백성들처럼 말이다. 그렇게 예수님을 섬기는 성도들을 보면서 떠오르는 질문이 있었다.

'우리는 예수님을 사랑하고 있을까? 좋아하고 있을까?'

스스로 크리스천이라고 하면서 자신의 기도가 응답되고 잘 살기만을 바란다면 그것은 예수님을 좋아하며 이용하는 것이지 사랑하는 것은 아니다.

"예수께서 이르시되 네 마음을 다하고 목숨을 다하고 뜻을 다하여 주 너의 하나님을 사랑하라 하셨으니 이것이 크고 첫째 되는 계명이요 둘째도 그와 같으니 네 이웃을 네 자신같이 사랑하라 하셨으니 이 두 계명이 온 율법과 선지자의 강령이

니라"(마 22:37~40)

예수님만을 사랑한다고 고백한 베드로에게 예수님께서 십자가에서 죽으면서까지 살리신 사랑하는 양들을 먹이는 귀한 일을 주셨고 예수님처럼 죽을 수 있는 순교의 자격을 주셨다. 비단 목회자로 부르신 자들에게만 이 말씀을 하신 것이 아니다. 하나님을 믿는 거룩한 모든 성도에게 하신 말씀이다. 나의 삶 가운데 전심으로 온몸으로 하나님을 사랑하고 이웃을 사랑해야 하는데 실제 많은 성도가 우상숭배를 하는 모습으로 교회를 다녔다.

나는 늘 '기독교는 종교가 아니다'라고 외친다. 종교는 하나의 교리를 체계화시킨 것이다. 그렇기 때문에 기독교는 종교의 요소를 갖고는 있다. 하지만 종교는 아니다. 기독교는 종교가 아니다. 만약 기독교가 일개 종교 중 하나였다면 나는 계속 예수님을 믿지 않았을 것이다. 예수님을 믿으면 영원히 살고 예수님을 믿지 않으면 죽는, 기독교는 생명, 그 자체이기 때문이다.

기독교가 하나의 종교로 전락해 버렸다는 것을 느끼고 나는 너무나 개탄스럽다 못해 그때까지 엄청나게 파고들던 성경을 내던져 버렸다. 내가 처음부터 예수님을 믿었다면 그렇게까지 실망스럽고 격앙되지 않았을지도 모르겠다. 내 나름대로 종교에 심취해 있다가 예수님을 믿고 나니 예수님을 여러 신(神) 중에 하나가 아니라 유일하신 왕으로 확실히 믿기에 더욱 그러했을 것이다.

하나님의 전략

　　나는 러시아에서 받은 선교의 소명을 잊을 수 없었다. 예수님만을 사랑한다는 사람이 예수님께서 유언하신, 땅끝까지 복음을 전하라는 선교 사명을 어떻게 차일피일 미룰 수 있겠는가. 전도사로서 열심히 훈련받고 있다고는 하나 시간이 흐를수록 그 생활에 안주하려는 육신적인 생각이 커져갔다. 그런 내 모습에 나는 점점 괴로워졌다.

　그런 때 하나님께서는 1993년 러시아 단기선교 이후에 중국과 러시아로 두 번째 선교 여행을 보내 주셨다. 은현교회가 파송한 사역자를 지원하기 위해 김동일, 곽종철, 천중근 세 분의 장로님들을 모시고 다녀왔다. 돌이켜보니 이 선교 여정은 나에게 무척이나 각별한 시간들이었다.

　그때 나는 러시아 하바롭스크에서 북한대사관을 처음 마주했다. 대사관 앞에서 펄럭이던 인공기를 바라보며 남북이 휴전상태에서 대치

중인 우리 민족의 현실을 피부로 느꼈다. 러시아에서 중국으로 건너가 많은 중국인을 보고 만나며 러시아와 중국 그리고 북한에 이르는 공산권을 내 가슴에 품고 좀 더 구체적으로 기도하게 되었다.

사실 나는 전주교도소에서 군복무 하던 시절부터 나라와 민족을 위해서 기도했었다. 첫 휴가 때 오산리 기도원에 가서 3일 동안 금식하며 분단된 민족의 현실을 놓고서도 기도했지만 내가 실제적으로 무엇을 해야 할지에 대해서는 방향이 잡히지 않은 상태였다. 그런데 이 두 번째 선교 여행에서 기도하는 가운데 환상을 통해 하나님께서는 남북통일에 대한 당신의 뜻을 비추어 주셨다. 게다가 하나님은 구체적인 그분의 음성을 통해 나에게 이렇게 질문하셨다.

"남북통일을 위해 이민교 너는 무엇을 어떻게 준비하고 있는가?"

나는 단기선교 여행에서 돌아온 이후에도 계속 하나님께 무릎 꿇고 기도했다. 원래 구소련의 연방자치주 중 하나였던 우즈베키스탄이라는 나라가 점점 크게 다가왔다. 그런데 그 땅은 이슬람 문화권이었다. 공산권인데다 이슬람 문화권이라는 이중삼중의 어려움이 있을 것 같았다. 그리고 나 혼자만 선교를 가는 것이 아니라 아내와 아이들까지 온 가정이 바쳐지는 일이었다. 그때 우리에겐 둘째까지 태어난 상태였기에 어린아이들을 데리고 가족이 모두 선교지로 떠나는 것이 결코 쉽지만은 않았다. 그래서 나는 기도했다. 기도하는 중에 〈사도행전〉 16장 말씀이 떠올랐다.

예수 믿는 사람을 죽이려고 다메섹으로 가던 사울에게 예수님께서 찾아오셔서 만나 주셨고 아나니아의 기도로 그의 눈을 덮고 있었던 비늘이 벗겨졌다. 실라와 함께 떠난 2차 선교 여행 시 하나님의 인도하심 가운데 서쪽으로 가게 되고 처음 도착했던 빌립보에서 바울이 예수 이름의 능력을 행한다. 귀신 들린 여자의 귀신을 쫓아낸 것이다. 그랬더니 귀신 들린 여자를 통해 점을 쳐서 돈을 벌던 주인이 자기 사업을 망친 바울을 고발해버린다. 바울과 실라는 성령의 인도로 빌립보에 왔음에도 불구하고 모든 것이 만사형통하고 잘된 것이 아니라 오히려 두들겨 맞고 감옥에 갇힌 신세가 되었다. 깊은 옥에 갇혀 발에는 차꼬까지 단단히 찬 바울과 실라는 한밤중에 기도하고 하나님을 찬송했는데 그걸 죄수들이 듣고 있었다.

우리는 상황이 그쯤 되면 아마도 '하나님, 감옥 문이 열리게 해 주십시오' 하고 기도를 할지도 모른다. 당연히 그럴 것이다. 그러나 바울은 그렇게 문제를 해결하려고 기도하지 않았다.

'어, 바울과 실라가 한밤중에 하나님 앞에 찬양하고 기도했네?'

교도소에서 군대생활을 했던 나에게는 이것이 크게 와 닿았다. 성령의 이끌림을 받아서 온 곳이 감옥이었는데 바울과 실라가 감옥에 잡히자마자 찬양하고 기도한 것이 아니고 가만히 그들 스스로 '내가 지금 어디 있는지' 생각해 보게 되었을 것이다.

'그렇게 가만히 생각해 보고 할 수 있는 두 가지, 아하! 바로 하나님

앞에 찬양하고 기도하는 것이구나.'

여기서 중요한 것이 그때 그들이 하나님께 했던 기도는 '하나님, 감옥 문이 열리게 해 주세요' 하고 뭔가를 요구하는, 조건부의 기도가 아니라는 사실이다. 바울과 실라가 했던 기도는 그냥 '감사'였다. 나는 깨달았다.

'아, 모세나 바울처럼, 하나님을 만나고 경험한 자로서 선교지에 가서 내가 할 수 있는 것은 이슬람 땅인 선교지가 바울과 실라가 잡혔던 깊은 감옥 같다 할지라도, 문제를 해결하려고 아등바등할 것이 아니라 그저 하나님께 감사하고 찬양하는 자로 살아야겠구나. 그렇게 살다 보면 감옥 문이 열리겠구나.'

나는 이 말씀에서 큰 은혜를 받았다. 선교지로 나갈 수 있는 용기를 얻은 것이다. 거기에 한 가지 더 선교지에서의 전략까지 얻을 수 있었다. 바울과 실라가 기도하고 하나님을 찬송하자 갑자가 큰 지진이 나서 옥터가 움직이고 감옥 문들이 다 열렸으며 죄수들을 채운 차꼬들이 다 벗겨진 것이다. 간수가 자다가 깨어 옥문이 열리고 죄수들이 도망했다고 생각해서 스스로 자결을 하려고 했다. 그러자 바울이 크게 소리를 질렀다.

"네 몸을 상하지 말라. 우리가 다 여기 있노라."

그 소리에 간수가 등불을 달라고 하며 뛰어들어가 무서워 떨며 바울과 실라 앞에 엎드린다. 그리고 그들을 데리고 밖으로 나가 묻는다.

나는 이 간수장의 물음이 사람이 할 수 있는 인간 최고의 질문이라고 생각한다. 간수가 묻는다.

"선생들이여 내가 어떻게 하여야 구원을 받으리이까."

〈사도행전〉 16장을 통해 하나님께서 주신 선교의 전략은 나에게 전도받겠다고 스스로 찾아와서 "나도 예수 믿고 싶은데 어떻게 해야 하나요?" 하고 물을 수 있도록 그런 삶을 살아야겠다는 것이었다. 성령에 이끌리어 하나님 말씀대로 살다가 혹 어려움과 환란을 만나더라도 그 속에서도 한결같은 믿음으로 하나님께 기도하고 찬양하며 당당하게 살아가는 그런 삶, 이것이 이 시대에 하나님께서 구원받은 자들에게 요구하시는 것이 아닐까 하는 생각이 들었다.

이것은 내가 소록도 화장터에서 경험했던 참된 그리스도인들의 삶이었다. 나는 죽은 이들을 천도하는 와중에 무의식중에 계속 찬송가를 들었다. 〈사도행전〉 16장에서 바울과 실라를 지키던 간수도 나처럼 그들의 기도와 찬양을 들었을 것이다. 간수도 바울과 실라의 찬양을 듣고 싶어서 들은 게 아니었다. 나 또한 마찬가지였다. 나도 화장터에서 예수 믿는 사람들의 찬양을 듣고 싶어서 들은 게 아니었다.

찬양은 사람의 입술을 통해서 나오므로 사람의 것이라고 생각하기 쉽다. 하지만 찬양은 사람의 것이 아니라 하나님의 것이다. 하나님의 것인 찬양을 사람인 내가 할 수 있다는 것이 얼마나 은혜인가. 그러한 하나님의 신령한 찬양에는 힘이 있어서 결국 목탁 치던 나를, 감옥을 지키던 간수를 예수 믿게 했다. 나로 하여금 선교하게 하고 그 간수에게는 온 동네에 다니며 예수를 전하고 그 사랑을 전하게 한 것이다.

나는 이 말씀을 통해 이슬람 문화권인 우즈베키스탄으로 가서 선교할 수 있는 전략을 얻게 되었다. 이 전략은 적중했다. 나는 지금까지 이 말씀으로 내가 이슬람 문화권에서 살아남을 수 있었다고 믿어 의심치 않는다.

사표 그리고 이혼

김정명 목사님께 올립니다.

목사님을 예수 이름으로 사랑합니다. 목사님의 배려로 하나님 은혜 가운데 러시아 · 중국 선교 여행을 잘 다녀왔습니다. 이번 선교 여행을 통해 하나님은 저를 새롭게 창조해 주셨습니다. 무엇보다도 환상을 통해 그리고 구체적인 하나님의 음성을 통해 하나님은 이렇게 질문하셨습니다. "남북통일을 위해 이민교 너는 무엇을 어떻게 준비하고 있는가?"

남북통일에 대한 하나님의 의도는 무력에 의한 적화통일도 아니요, 자본주의 흡수로 인한 통일도 아닌 예수님 안에서 복음적 통일임을 새롭게 경험시켜 주셨습니다.

존경하는 목사님!

목사님의 의견을 기대하며 조심스럽게 제 마음의 표현을 글로 올립니다. 은현교회 안에서의 전도사 사역은 너무 행복합니다. 그런데 교회 집사님들과 학생들에게 부족한 제가 '전도사님'이라는 존칭으로 불리니까 왠지 안주하려는 인간의 마음이 앞서 하나님의 첫사랑을 조금씩 잃어가고 있는 제 자신을 발견하곤 합니다.

제 앞길을 인도해 주고 계시는 목사님!
사람에겐 다 자신이 가지고 있는 독특한 자기만의 달란트가 있는 것 같습니다. 하나님의 첫사랑을 러시아 선교지에서 체험해서 이러한 마음이 계속 드는지는 모르겠지만, 러시아 땅에서 윗동네 사역을 위해 훈련받고 싶습니다. 이러한 생각들을 속일 수 없어 회개하는 마음으로 며칠 동안 철야하며 기도하고 있습니다. 또한, 하나님만이 알고 계시는 거룩한 고민도 있습니다. 무엇보다도 성도들의 헌금으로 된 사례비를 받아들고 욕심이 앞서는 인간의 모습뿐 아니라 사례비 몫을 행하지 못하는 제 자신이 자꾸만 미워지고 있습니다.
몸은 은현교회에 있지만 생각은 온통 러시아 · 중국 · 윗동네뿐입니다.
목사님 도와주세요. 목사님의 답변을 기다리며….

목사님을 예수 이름으로 끝까지 사랑하는 이민교_1996. 6. 16

전도사를 그만두기 전 여수 은현교회 담임목사님인 김정명 목사님께 드린 편지이다. 이것은 내가 써본 처음이자 마지막 사표이다.

내가 선교를 결단하고 뜻을 밝히자 나를 지지해 주는 사람은 거의 없었다. 내가 전도사로 사역하던 여수 은현교회의 담임목사님은 선교사로 헌신하려면 목회를 알아야 하니 한국에서 충분히 목회 훈련을 받고 그 후에 선교지로 가라고 강조하셨다.

지금 생각해 보면 목사님의 말씀이 백 번 옳았다. 하지만 당시의 나는 마치 솔로몬 왕과 결혼을 앞둔 술람미 여인처럼 상사병에 걸린 사람 같았다. 예수님이 이 땅에 오시기 전에 얼른 선교하러 가고 싶은 마음뿐이었다.

그때까지 나를 늘 지지해 주고 격려해 주던 아내마저도 이번에는 고개를 저었다.

"꼭 지금 가야 해요? 나중에 가면 안 돼요?"

내가 예수님 밭에 잘 자라는 큰 나무가 되도록 곁에서 도와주는 사람이 되고 싶다던 아내였지만 막상 목사의 부인으로서 그녀 자신도 선교사로서 그 사역에 내조하고 적극적으로 동역해 나가야 한다는 명령이 어느 날 갑자기 떨어지자 무척이나 당혹스러워했다.

게다가 어디인지도 모르는 우즈베키스탄이라는 나라로 가서 어린 자녀들을 키우면서 복음을 전한다는 것이 아내에게는 너무나 크고도 높은 태산처럼 보였다. 아내는 하나님의 부르심 앞에서 쉽게 결단하지 못했다.

나는 우즈베키스탄이 굉장히 좋다고 아내를 살살 꼬드겼지만 그런 얘기가 아내의 귀에 들어갈 리 없었다. 그래도 러시아와 중국 선교 여행에서 받았던 은혜들을 그리고 우즈베키스탄에 있는 순교 형제에 대해서 많이 이야기해 주었다. 그때 내가 특히 강조했던 것이 있다.

"한번 사는 인생, 젊었을 때 쓰임받아야 하지 않겠어?"

그러면 아내는 이렇게 말했다.

"아이들이 좀 더 크면 가요!"

"나중에도 좋겠지만 그래도 젊었을 때 쓰임받아야 해!"

그동안 아내 옆에서 살림도 해 주시고 아이들도 돌봐주셨던 장모님도 내 얘기를 듣고 많이 속상해하셨다.

장모님은 나를 아들처럼 여기고 믿어 주셨던 분이다. 언젠가 지나가는 말로 '딸은 열심히 돈 벌고 사위는 사방팔방 돌아다니면서 돈 쓰고 다닌다고 미워할 법도 한데 하나님 때문에 예쁘게 봐준다'고 하셨던 장모님도 이번만큼은 당신도 선뜻 기뻐할 수만은 없으셨던 것 같다. 딸과 어린 손자들이 고생할 게 뻔하니 아무리 하나님의 뜻이라 해도 받아들이기가 쉽지 않으셨을 것이다. 그래도 나는 좀처럼 뜻을 굽히지 않았다. 요동하지 않는 바위 같은 나의 모습을 보고 아내는 점점 이런 생각이 들었다고 한다.

'당신은 가야 하는 사람이군요.'

그때 나는 좀 무리다 싶을 만큼 선교를 강행했다. 사실 파송해 주는 교회도 없이, 그렇다고 선교 단체에 소속되지도 않은 채 맨땅에 헤딩하는 식으로 무작정 선교를 떠났던 것이다. 우즈베키스탄으로 출발할 날짜를 잡아 놓고 어느 기도 모임에 나갔다. 그 모임에 참석하셨던 한호수 장로님이 나에게 질문 하나를 하셨다.

"선교사님을 위한 키맨은 누구입니까?"

나는 전혀 모르는 부분이라 장로님께 되물었다.

"키맨이 뭔데요?"

나의 천진스러운 물음에 오히려 장로님이 당황스러워하시면서 설명을 해 주셨다. 선교지에 있는 선교사를 위해서 한국에다 편지를 전달해 주고 후원 관리도 해 주는 사람을 키맨(key man)이라고 했던 것이다. 나에게는 좀 부끄러운 기억이다.

하지만 그때 그 기도 모임의 동역자들이 20년이 넘도록 변함없이 기도해 주시고 신실하게 후원을 해 주고 계시니 이 또한 하나님의 은혜가 아닌가! 선교에 관한 전문적이고 체계적인 훈련을 받지 않았기 때문에 부족한 점이 특히 많았다. 그래서 더 하나님만을 바라보고 붙들었던 것이 아닌가 싶기도 하다.

우여곡절이 많았으나 나는 오직 말씀에 사로잡히고 성령에 이끌리어 우즈베키스탄을 향하는 비행기에 몸을 실었다. 아내와 아이들 없이 나 혼자였다. 사실 그때 나는 이혼까지 생각했다.

"따라오지 않으면 이혼하는 걸로 알고 간다."

독하고 모진 말을 아내에게 남긴 채 1997년 1월, 나는 혼자 짐을 꾸려 그렇게 우즈베키스탄 비행기에 몸을 던졌다.

하나님이
보낸 사람

2부

산속에 살았던 물고기,
바다를 만나다

하나님께서 내게 주신 내 땅'이라고 여기며 온몸을 불태워
농아들을 사랑했던 우즈베키스탄 땅에서 주의 몸 된 교회를
올려드릴 때 나의 감격이란 이루 말할 수 없었다.

순교(김 블라지미르)를 만나다

'부름 받아 나선 이 몸 어디든지 가오리다

괴로우나 즐거우나 주만따라 가오리니

어느 누가 막으리까 죽음인들 막으리까

어느 누가 막으리까 죽음인들 막으리까'

    찬양하며 홀로 떠난 선교의 길. 나는 마침내 우즈베키스탄의 수도 타슈켄트에 도착하였다. 비행기에서 내리는데 건조한 사막의 모래 바람이 몹시 불었다.

    "언젠가 너에게 다시 갈게."

    부족한 나를 통해 예수님을 영접한 동생이 된 순교에게 한 약속이었다. 나는 이 약속을 꼭 지키고 싶었고 결국 이 작은 약속 하나 때문에 우즈베키스탄에 오고야 말았다. 말 못하는 농아들과 생활해 보았기에 사람의 입술에서 나오는 말 한마디가 얼마나 귀한 것인지 깨달았던 나는 그래서 작은 말도 허투루 하지 않으려고 한다. 특히 마음에서 우러나온 약속은 그것이 크든 작든 반드시 지키려고 했다.

"이번에는 내가 민교 형님을 도울 차례예요."

순교는 전보다 훨씬 밝아진 얼굴로 나를 맞아 주었다. 처음 만났던 1993년 여름 이후 우리는 제법 막역한 사이가 되어 있었다. 나는 우즈베키스탄에 오기 전, 순교가 보고 싶어 그를 한국으로 초청한 적이 있다. 순교는 전주 우리 집에 와서 식구들과 함께 식사도 하고 교회도 둘러보았는데 그때 우리는 서로의 세계를 더 많이 공유하게 되었고 친형제처럼 더욱 가까워졌다. 그래서 순교는 내가 우즈베키스탄에 건너왔을 때 잘 정착하도록 기꺼이 나를 도와주고 싶어 했다.

순교와 타슈켄트 시내를 둘러보는데, 내가 도착하던 1997년 1월은 공교롭게도 라마단 금식이 시작되던 때였다. 금식 기간에는 해가 뜰 무렵부터 질 때까지 가게 문들도 다 닫고 철저히 금식했다. 낯선 모습들을 보며 내가 이슬람 땅에 왔음을 몸으로 느낄 수 있었다. 그렇다고 영적으로 긴장되고 두렵지는 않았다. 당시 나는 어떤 영적 전쟁을 단단히 각오하고 선교지에 간 것이 아니었기에 그런 긴장감 같은 것은 없었다. 순교가 보고 싶고 순교네 가정을 놓고 기도하며 그분들을 잘 섬길 단순한 목적만 있었기에 우즈베키스탄의 여러 모습이 낯설면서도 신기해 보였고 모든 것이 다 좋게 보였다.

순교는 가장 먼저 고려인이 많이 모여 있는 시장에 데려갔다. 우즈베키스탄은 중앙아시아의 여러 나라 가운데 고려인(까레이스키)들이 가장 많이 사는 나라였다. 고려인들은 한국인 특유의 근면함과 성실함으로 우즈베키스탄의 황무지 같은 마른 땅을 개간하여 벼농사를 짓고 배추를 심어 그곳에서 밥과 김치를 먹는 한국인으로서의 삶을 꿋꿋하게 이어 가고 있었다. 소련연방제 시절에는 머리가 우수하고 부지런한 고려인 자녀들이 소련으로 유학을 다녀오고, 우즈베키스탄의 고위급 관리들로 성장하였다. 그런데 소련연방제가 무너지고 우즈벡 민족 중심의 국가가 세워지면서 자국민 위주의 정책이 강하게 펼쳐졌다. 공용어도 러시아어가 아닌 우즈베크어를 사용하게 하고, 우즈벡 자국민들을 기관과 단체의 관리들로 더 많이 등용시켰다. 상대적으로 고려인 같은 이방 민족들은 우즈벡 정책에서 밀려나고 소외되기 시작했다.

고려인들은 시장에서 김치와 반찬류를 팔고 있었다. 순교의 도움을 받아 그들과 인사하며, 고려인들 말로 '면목'을 익혔다. 관계를 트고 친해진다는 뜻이다. 나는 어느 고려인의 소개로 우즈벡에서 지낼 아파트도 임대했다. 순교네 집에도 찾아가 보았다. 순교의 가족은 내가 짐을 푼 타슈켄트 도시에서 약 3시간쯤 떨어진 시골에서 살고 있었다.

내가 순교를 처음 만났을 때 순교는 결핵에 걸려 제대로 치료도 받지 못한 채 사경을 헤매고 있었다. 그런데 순교네 집을 가 보니 여동생과 누나 그리고 아버지 모두 결핵을 앓고 있었다. 결핵의 굴레 속에서 아주 오랫동안 고통받던 가정이었다. 순교에게 가족 이야기기를 많이 들어서 알고는 있었지만 직접 눈으로 보니 그 상황이 생각보다 훨씬 좋지 못했다. 왜 이렇게 한 가정이 결핵 때문에 고통받아야 할까?

우즈베키스탄은 기간산업이 발전된 나라가 아니고 실업률이 굉장히 높았다. 그래서 많은 우즈벡 사람이 러시아권의 다른 나라로 일자리를 찾아 떠나곤 했다. 그만큼 우즈벡 사람들의 삶이 넉넉지 못하다는 것이다. 그러니 잘 먹고 약만 잘 먹으면 완치되는 결핵 때문에 온 가족이 고통을 받고 있었던 것이다. 러시아에서 순교를 돌봤던 것처럼 그때부터 나는 순교네 식구들을 잘 먹이고자 했다. 우즈베키스탄에 가서 축구로 선교를 하겠다거나 아니면 많은 사람의 영혼을 구원해서 크게 교회를 해야겠다고 하는 원대한 포부 같은 것은 전혀 없었다. 나는 그저 순교의 가족들을 잘 섬기고 예수 믿게 해서 그 가정이 구원받도록 돕고자 하는 아주 단순하면서도 소박한 목적으로 우즈벡으로 건너온 것이다.

선교지에 가서 구체적인 계획 같은 것이 없었기에 매일 이렇게 기도했다.

'하나님, 저에게 하나님의 일거리를 주십시오. 선교지에서 고행(苦行)이 아닌 희행(喜幸)의 삶을 살겠습니다.'

이 기도는 그때나 지금이나 한결같은 나의 기도가 되었다.

물 떠온 하인은 알더라

내가 우즈베키스탄에서 현지 사람들과 면목을 익히며 서투르나마 적응을 하고 있는 사이 아내는 여전히 약국을 하고 아이들을 돌보는 일상적인 생활을 해나갔다. 하지만 선교를 가자는 남편의 말에 순종해야 하는 아내로서 가만히 있을 수도 없었다. 아내는 밤 11시에 약국 문을 닫고 둘째를 포대기에 업은 채 교회로 향했다. 그리고 솔직한 심정을 하나님 앞에 털어놓았다.

"하나님, 하나님께서 특별히 뽑아 주셔서 남편이 예수님을 알게 되고 또 선교의 불을 받아서 식구들을 남겨 두고 혼자 떠나 버렸습니다. 하나님, 저는 선교가 무엇이고, 선교사가 무엇을 하는 사람인지도 모릅니다. 남편의 말이니까 정말 순종해야 하는데 이제 두 살, 네 살 된 애들이랑 그 낯선 곳에 가서 어떻게 살란 말입니까."

아내는 매일 그렇게 하나님께 엎드렸다.

"하나님, 선교를 정말 가야 합니까? 이게 주님의 부르심입니까? 그러면 저는 어떻게 해야 합니까?"

아내는 워낙 조심성이 많은 사람이라 확신이 서지 않으면 쉽사리 움직이지 못한다. 약국을 처음 열 때도 그랬고 나와 결혼할 때도 그랬다.

아내는 아침부터 저녁까지 약국에 계속 붙어 있는 것이 고되긴 했지만 참 재미있게 일을 했다. 당시에는 웬만하면 병원 안 가고 약만 지어먹던 때였다. 그래서 약국을 병원처럼 사람이 참 많이 드나들었는데 그러다 보니 아내는 동네 사람들의 가족 관계들을 다 알게 되고 누가 어디가 어떻게 얼마 동안 아팠는지 병력들도 알게 되었다. 그런 날들이 조금씩 쌓이다 보니 동네 사람들의 집안 소식들을 알게 되었다. 사람들은 약사인 아내에게 병과 약에 대해 궁금한 것을 물어보면서 가까운 친구처럼 사는 이야기도 하게 되었다. 이야기를 잘 들어 주는 아내는 그래서 사람들이 살아가는 이야기를 정말 많이 들을 수 있게 되었다.

심지어 홍등가의 아가씨들도 낮에는 여자 약사가 있는 약국에 와서 커피를 마시며 한담하곤 했다. 아내는 아가씨들과 이야기를 나누면서 그녀들도 똑같은 사람이고 사랑받고 싶어 하는 존재임을 알게 되었고 개인적으로도 친하게 지냈다. 때론 외상을 주기도 했는데 어떤 경우에는 그 아가씨들이 도망을 가서 외상도 종종 떼여 포주 아줌마한테 혼나는 일도 있었다.

아내는 약국을 하면서 무수히 많은 사람을 만나고 그네들의 이야기를 들으면서 느낀 것이 있었다.

'정답대로 살아가는 사람만 있는 게 아니구나.'

학교 졸업해서 직장 다니고 그러다 결혼하는, 절차대로 살아가는 삶만 있는 줄 알았던 아내는 약국을 운영하면서 다양한 모습의 삶을, 세상을 보게 된 것이었다.

대학 시절 손짓사랑회 동아리를 통해 농아들과 교류하고 이병창 선생님의 재활의 집에 가서 지체장애인들을 가까이서 접하는 등 하나님께서는 아내를 장애인 사역자로서, 생활 속에서 미리 훈련시켜 놓은 부분들이 있었다. 그런데 하나님께서는 아내를 선교사로서 더 넓은 세상으로 이끌어 내시기 위해 약국을 통해 아내의 시야를 넓히시고 마음의 문을 열어 놓으신 것 같다.

'아, 하나님께서 인생들을 참 다양한 모습으로 인도하고 계시는구나.'

하지만 지금까지 살아왔던 방식, 그때까지 누려온 것들을 내려놓고 온전히 하나님께만 촛점을 맞추어서 선교사로 새롭게 출발하기 위해서는 단단한 각오와 좀 더 분명한 결단이 서지 않으면 안 되었다.

"사람들에게 약사로서 약을 주면서 육신적으로만 도와주던 제가 그곳에서 정말 뭘 할 수 있겠습니까? 하나님, 너무나 떨리고 두렵고 자신이 없습니다. 하나님, 도와주세요."

아내는 끈질기게 하나님께 매달리고 기도하면서 하나님께서 주시는 말씀을 살아 있는 하나님의 음성으로 받고자 했다. 아내는 매일매일 기도를 해나갔다.

"그래요. 남편이 가자고 하니까 가야 할 것 같습니다. 같이 가지 않으면 이혼이라도 할 기세입니다."

아내는 정말 담대하게도 천국 복음이 진짜라면 어떻게 나눠야 할지 확신을 달라는 기도를 하나님께 드렸던 것이다.

"하나님, 저에게 확신을 주세요."

한참을 부르짖으며 기도하는데 〈마태복음〉의 천국 비유가 떠올랐다.

"천국은 마치 밭에 감추인 보화와 같으니 사람이 이를 발견한 후 숨겨두고 기뻐하며 돌아가서 자기의 소유를 다 팔아 그 밭을 사느니라"(마 13:44)

아내는 이 말씀이 하나님께서 친히 주시는 음성임을 느끼게 되었다. 천국이 보화와 같다고 하는데 여기서 말하는 천국은 죽은 후에 가는 천국이라기보다 예수 그리스도, 예수님 자체임을 알았다.

'예수님을 만나고 그때까지 누리던 것들을 다 버리고 온전히 자신을 예수님께 드리는 남편을 곁에서 보지 않았던가.'

아내는 예수님을 믿고 구원을 받아 영생의 기쁨으로 살아가고 있는 자신의 모습을 보게 되었다. 아내는 전율했다.

'진짜 보화인 예수님을 사람들한테 알려 주어야 하는구나!'

왜 여태까지 그런 생각을 못했을까? 이상할 정도였다. 아내는 가진 것을 다 팔아서 진짜 보화인 예수님을, 천국을 전해야겠다고 마음먹기에 이르렀다.

'아, 사람이 해야 하는 일이 이거였구나!'

아내는 하나님께서 주신 약국과 약사로서의 안정된 생활을 하나님께 다시 되돌려드렸다. 그동안 정들었던 약국 손님들도 아내만큼이나 아쉬워했다. 아내는 한국에서의 생활을 정리하며 동시에 선교지에서의 생활도 준비해야 했다. 막상 준비하려고 보니 어디서부터 어떻게 해야 할지 엄두가 나지 않았다.

계속 하나님께 매달리는 아내에게 하나님께서는 뜻밖에도 〈요한복음〉 2장에 기록된 가나의 혼인잔치 말씀을 주셨다.

갈릴리 가나에서 예수님은 혼례에 초대를 받으셨다. 그때 마침 포도주가 떨어졌다. 유대인의 혼인잔치에서 포도주가 떨어지면 잔치의 흥을 깨뜨리는 정도에서 그치지 않고 법적인 소송까지 받을 수 있는 아주 큰 문제였다. 그러자 예수님께서는 잔칫집 하인들에게 그 집에 있던 돌항아리들을 가리키며 말씀하셨다.

"항아리에 물을 채우라."

하인들은 항아리들의 아귀까지 물을 가득 채웠다.

"이제는 떠서 연회장에게 갖다 주라."

하인들은 예수님께서 시키는 대로 연회장에게 물 항아리들을 갖다 주었다.

"연회장은 물로 된 포도주를 맛보고도 어디서 났는지 알지 못하되 물 떠온 하인들은 알더라"(요 2:9)

이 말씀이 아내의 마음에 와 닿았다. 연회를 주최하고 관리하는 잘나가는 사람들은 몰랐지만 그 하인들은 알았다는 것이다. 물이 포도주가 되고 말씀이 표적으로 나타나는 현장에 있었던 하인들은, 처음에는 아무 말 없이 있었겠지만 잔치가 끝난 후 사람들에게 예수님께서 행하신 일들을 흥분해서 마구마구 이야기했을 것 같았다.

"내가 진짜 봤어. 분명히 물을 떠와서 부었는데 나중에 보니까 정말 포도주가 되어 있었어."

아내는 생각했다.

'아, 그렇구나. 나는 가서 그저, 하나님 말씀으로 물이 포도주로 변하고, 사람이 병 고침을 받고 새 생명을 얻고 근본적으로 변화되어지는 현장에서 그 증인된 삶을 살면 되는구나.'

아내는 이 말씀으로 한결 마음의 무거운 짐을 내려놓을 수 있었다. 그리고 하나님께 기도했다.

"하나님, 저는 선교가 무엇인지 아무것도 모르는 사람입니다. 그렇지만 예수님께서 표적을 행하시던 그 현장에 있었던 물 떠온 하인처럼, 물 부으라시면 물 붓고, 물 갖다 줘라 하시면 갖다 주겠습니다. 하나님께서 저를 선교지에서 직접 가르쳐 주시고 직접 훈련시켜 주세요. 하나님께서 행하시는 그 일, 물이 포도주가 되는 현장에 있었던 물 떠온 하인으로, 소유를 다 팔아 보화가 숨겨진 밭을 산 자로 살겠습니다."

아내가 물 떠온 하인의 심정이었듯이 나 역시 거창한 꿈을 이루는 훌륭한 선교사가 되겠다는 생각은 없었다. 딱 한 사람, 딱 한 가정 예수 잘 믿도록 돕는다면 그것으로 족하다는 생각이었다. 그것도 정 안 되면 나만이라도, 우리 가정만이라도 예수 잘 믿자, 하는 아주 소박한 마음으로 사실 선교를 나간 것이다.

어쨌든 아내는 약국을 팔아서 자신이 알고 있는 진짜 복음을 전하는 것이 '맞다'는 확신과 함께 〈요한복음〉 2장에 기록된 가나 혼인잔치의 말씀을 붙잡고 짐을 꾸리기 시작했다. 네 살 된 하늘이와 두 살 된 영광이를 데리고 1997년 3월, 중앙아시아 우즈베키스탄으로 향하는 긴 여행길에 올랐다. 내가 한국을 떠난 지 두 달 후의 일이었다.

사막의 모래바람 속으로

　　아내와 아이들이 무사히 우즈베키스탄에 도착했다. 돌아갈 항공권은 없었다. 이젠 여기에서 짐을 풀고 살아남아야 하는 것이다. 사뭇 결연한 마음으로 공항을 나서는데 사막의 모래바람이 우리를 매섭게 휘감았다. 우리는 서로를 꼭 감싸 안았다.

　낯선 타국에서의 생활이 시작되었다. 누구나 그렇듯이 이방 땅에서 처음 적응할 때 힘든 것이 있겠지만 우리 가족에게는 그것이 '아잔'이었다. 아잔은 이슬람의 예배 시작을 알리는 기도 용어이다. 옛날에 우리나라 교회에서도 새벽기도 시간이 되면 종을 울렸던 것과 비슷한데, 우즈벡에서는 시간만 되면 동네 여기저기에 있는 스피커를 통해 이슬람 회당인 모스크에서 예배하는 기도 소리가 울려 나왔다. 문제는 이 아잔이 하루에 다섯 번 정해진 시간에 울리는데 어디를 가든 여기저기에서 들린다는 것이다. 나는 어느 정도 단련이 되어 괜찮았지만 아내는 짐짓 긴장이 되고 두려움이 이는 듯했다. 며칠 동안 제대로 된 밥을 먹지 못했다. 그러자 하늘이가 칭얼거렸다.

"언제까지 빵만 먹어야 해요? 배고파요. 밥 주세요."

배고픔보다 우리를 몹시 고통스럽게 한 일들이 있었다. 우리가 살던 동네에는 여태까지 구소련권이 아닌 타 문화권에서 온 외국인이 없었다. 우리 가족이 처음이라고 했다. 그래서인지 우리는 사람들의 관심 대상이었다. 호의적인 관심이면 좋았겠지만 현실은 그렇지 않았다. 우즈베키스탄 현지 사정에 어두운 외국인인 것을 알고 우리가 사는 아파트 집의 초인종을 누르는 장난을 친다거나 물건을 훼손하는 등 우리를 지속적으로 괴롭혔다.

전기계량기가 아파트 복도에 집집마다 설치되어 있었다. 나쁜 세입자들은 전기료를 적게 내기 위해 전기 사용량을 자기들 임의대로 조종을 하는 경우가 있어서 나라에서는 계량기를 자물쇠로 단단히 잠가놓는다. 그런데 도둑이 이 자물쇠를 풀고는 계량기를 통째로 빼서 도둑질을 해가는 일들이 일어나곤 했다. 우리도 이런 일을 겪었는데 그럴 때마다 세입자들이 계량기를 사다가 설치해야 했다. 계량기를 사러 시장에 가면 새로운 제품들은 없었다. 도둑들이 훔쳐간 계량기들이 시장에서 버젓이 팔리고 있는 것이다.

아파트 복도에 있는 전구를 빼가는 건 일도 아니었다. 특히 우리를 당황스럽게 했던 것은 전기계량기 안전스위치를 껐다 켰다 하며 동네 불량배들인지, 동네 장난꾸러기들인지가 장난을 쳐대는 것이었다. 집 안에 있던 아내와 아이들이 얼마나 놀랐던지…. 나는 화가 나서 달려 나가 문을 열고 소리를 지르기도 했다.

때마침 하늘이가 아프기 시작했다. 여러 가지로 환경이 편치 않아서 였는지 급성 신우신염에 걸려 한참 동안 소변을 제대로 가리지 못했던 것이다. 선교지에 정착하는 일은 어느 것 하나 만만치 않음을 우리는 절감하고 있었다.

나는 평소 운동으로 몸이 다져진 데다 군복무 시절 죄수들을 제압하고 다루어 보았기에 괜찮았다. 그러나 아내와 아이들은 그렇지 못했다. 너무나 연약했다. 아빠로서, 남편으로서 곁에서 지켜보기에 안쓰럽고 때론 미안한 마음도 들었다. 하지만 그때 우리는 분명하신 하나님 말씀을 붙들었다.

> "사람이 감당할 시험밖에는 너희가 당한 것이 없나니 오직 하나님은 미쁘사 너희가 감당하지 못할 시험 당함을 허락하지 아니하시고 시험 당할 즈음에 또한 피할 길을 내사 너희로 능히 감당하게 하시느니라"(고전 10:13)

이 말씀을 붙들고 오직 은혜로만 살던 그때 우리를 위로해주던 찬송이 있었다.

'누군가 널 위하여 누군가 기도하네

네가 홀로 외로워서 마음이 무너질 때

누군가 널 위해 기도하네.'

낙심이 들 때 하나님께 기도하면 오히려 연약한 우리를 위해 기도해 주시는 예수님이 느껴졌다. 매일매일 낮 12시에 모여서 기도해 주신 소록도 나병 환자들의 기도와 누군가를 통해 매월 보내 온 선교 후원금 으로 인해 힘이 되곤 했다.

'그렇지. 우리는 혼자가 아니야.'

최전방에 있는 우리를 위해 후방에서 진심으로, 합심으로 기도해 주는 동역자들이 있음을 눈치 채고 찬송하며 힘을 얻던 모습이 당시 나의 영적인 모습이었다.

광야, 부부싸움

"우즈베키스탄에서 처음 살았던 아파트에서 엄마 아빠 싸웠던 거 지금도 기억나!"

언젠가 하늘이가 어릴 때 이야기를 하며 아내와 나의 부끄러운 기억을 떠올렸다. 하늘이 말대로 선교지에 도착했을 때 현지에 적응하는 것도 힘들었지만 사실 우리는 가정생활에 적응하는 것이 더 힘들었다. 아내와 나, 우리 두 사람 모두 하나님께 기도하며 하나님께서 주시는 말씀을 붙들고 성령에 이끌리어 우즈베키스탄까지 왔으니 일들이 순조롭게 진행이 될 것이라는 기대감 같은 것이 약간은 있었지만 실상은 그렇지 못했다. 오히려 철저하게 그 반대로 흘러갔다. 밖으로는 우즈베키스탄 현지인들의 텃세 비슷한 해코지를 받고 있었고, 안으로는 하늘이 말처럼 부부싸움도 종종 했었다.

선교지에 처음 갔던 때였기에 보이지 않는 영적인 훼방도 있었던 것 같다. 이 시기 아내와 나는 다투고 싸우며 조율해 가는 부분들이 참 많았다. 얼마나 다투었으면 네 살 하늘이가 커서도 기억할까! 부끄러운 생각도 든다. 하지만 사실 그 부끄러운 기억 속에는 하나님께서 당신의 백성들을 인도하시는 방법과 원리가 담겨 있다.

〈출애굽기〉에서도 이러한 하나님의 인도하시는 원리가 그대로 드러난다. 하나님께서는 백성들에게 약속하셨던 젖과 꿀이 흐르는 가나안 땅으로 곧바로 인도하지 않으신다. 하나님은 당신의 백성들을 광야로 데리고 가신다. 아무것도 없는 땅, 광야. 의지할 존재는 오직 하나님밖에 없는 그곳에서 이스라엘 백성들은 하나님 나라의 진정한 백성으로 만들어져 가고 빚어져 가며 재창조되어 간다.

세례는 종종 예수님과의 결혼으로도 비유된다. 세례를 받으며 신부인 나는 신랑인 예수님을 위해 헌신하겠다고 결심한 후에야 비로소 광야로 한 걸음 성큼 내딛게 된다. 광야는 연애만 할 때에는 만나지 못한다. 연애만 하고 결혼을 안 하면 광야는 안 만난다. 결혼을 하기 때문에 광야를 만난다. 결혼에는 헌신이 필요하기 때문이다.

아내와 나는 결혼을 한 후 어찌 보면 온전히 독립된 가정을 이루며 살지는 못했다. 아내는 아내대로 장모님의 도움을 받으며 가정보다는 약국에서 오랜 시간 있어야 했고, 나는 나대로 대전으로 신학 공부를 하러 다니고 여수에서 전도사 생활을 하며 집보다는 교회에서 살다시 피 했다. 그러다가 우즈베키스탄에 와서야 비로소 우리 손으로 직접 하늘이, 영광이를 먹이고 입히고 재우는 육아라는 것을 하고 집안의 대소사 하나하나를 다 챙겨야 했던 것이다. 게다가 우즈벡이라는 낯선 나라에 적응하며 귀한 예수님을 전하는 그 모든 과정에서 우리 부부는 부딪히고 깨지는 좌충우돌을 겪을 수밖에 없었다.

그때 하나님께서 우리에게 원하시던 것은 순교의 가정을 잘 섬길 것도 원하셨지만 동시에, 우리의 가정 역시 하나님 말씀으로 잘 운영이 되는 온전한 믿음의 가정이 되기를 원하셨던 것 같다. 그러나 그것이 단시일에 이루어지지 않았다. 저녁이 되고 아침이 되는 하루의 반복, 겨울이 가고 봄이 오는 계절의 반복 속에서 우리는 무수한 시행착오를 거치고 하나님 앞에 울며 기도하는 사이 하나님의 손길로 하나님 보시기에 아름다운 가정으로 빚어져 갔다. 그 과정은 사실 뼈를 깎는 고통이 따랐다. 아내는 병으로 몸져누웠고 어린 아들 영광이는 결핵에 걸려 아주 오랫동안 치료를 받아야 했으며, 딸 하늘이 역시 급성 신우신염에 걸려서 한동안 얼마나 고생을 했던지….

우즈베키스탄의 여름은 50도까지 올라간다. 그런 고온의 뙤약볕에서 살다 보면 얼굴이 새카맣게 탈 수밖에 없다. 시커먼 얼굴에 빼빼 마른 몸, 입성마저 누추해 보였던지 난민촌에서 나온 사람들처럼 보였던 우리…. 광야 시절을 거치던 우리의 모습은 사람이 보기에는 안타까운 모습이었는지 모르지만 그렇게 철저히 낮아진 상태에서 하나님께서는 우리를 정금과 같이 제련시켜 나가셨다. 마라의 쓴 물이 단물로 변해 가고 있음을 느끼고 있음이 은혜요, 감사였다.

식탁의 교제

생활이 조금 정돈되자 나는 순교와 그 식구들을 우리 집으로 초대했다. 순교의 아버지부터 누나인 루드밀라와 여동생 류바 모두 결핵을 앓고 있었는데 상태가 모두 좋지 않았다. 특히 여동생 류바는 몇 차례 결핵 재발과 부실한 영양 상태로 극도로 깡마른 모습이었고 병원에 입원해서 치료를 받아도 쉽사리 호전되지 않았다. 나는 순교네 식구들이 다시 건강해지길 기도하고, 아내는 - 지금은 약사가 아닌 '밥사'라고 내가 부를 만큼 식사 준비하는 데 도통한 아내이지만 당시만 해도 아내는 김치를 고추장으로 담그는 줄 알 정도로 요리에 무지한 수준이었다 - 플라스틱 그릇 하나 쉽게 구하기 어려운 불편한 부엌 환경 속에서 매 끼니마다 쩔쩔매며 식사 준비를 했다. 할 수 있는 요리라는 게 별로 없었지만 아내는 '현장에서 직접 가르쳐 주십사' 하나님께 기도한 대로 부지런히 이 사람 저 사람에게 물어가며 음식을 준비해 나갔다. 다행스럽게도 아내가 해 준 음식들을 순교네 식구들은 물론 나중에 우즈벡 농아들까지도 모두 좋아해주었다.

이렇게 식사 대접에 열심을 쏟은 것은 순교네 식구들의 결핵을 치료하기 위한 것도 있었지만 사실 예수님의 사랑을 전하는 데 식탁의 교제만큼 좋은 것이 없기 때문이었다. 식탁의 교제에서는 어떠한 벽도 허물어지는 힘이 있는 것 같다. 같은 한민족, 고려인이라지만 그들과 우리 사이에는 다른 문화권에서 살아왔기에 엄연히 존재하는 생각과 문화의 차이가 있을 수밖에 없다. 그러나 함께 식탁에 둘러앉아 밥을 먹다 보면, 그것도 같은 공간에서 먹고 자는 공동체로서 살게 되면 이방인이라는 '다름'보다 다 비슷비슷한 사람이라는 '같음'을 느끼게 되는 것 같다.

몇 년 뒤 아들 영광이는 결핵을 앓게 되었다. 아내는 영광이가 감기에 걸린 줄 알고 한동안 감기약을 먹였다. 약을 계속 먹여도 열과 기침이 가라앉지 않아 확인해 보니 결핵 초기 증상이었다. 아이가 결핵에 걸린 것은 어쩌면 당연한 일인지도 모른다. 결핵 환자들과 함께 한 집에서 살고 같은 밥상에서 밥을 먹었으니 말이다. 아내는 순교네 식구들과 처음 밥을 먹을 때부터 나에게 걱정하는 마음을 내비쳤다.

"아이들이 어리고 면역력도 약해서 전염이 될 텐데… 어떻게 하지?"

고민스러웠던 그때 〈사무엘하〉 9장의 말씀이 떠올랐다. 절뚝발이였던 요나단의 아들 므비보셋이 다윗 왕의 상에서 같이 식사를 했던 그 말씀이었다. 상식적으로는 따로 밥을 먹어야 했지만 그 말씀을 붙들고 우리도 순교네 식구들과 함께 밥을 먹었던 것이다. 다행히 아들은 빨리 치료되었다. 그때 결핵을 앓았어도 지금은 몸이 좀 작을 뿐이지 건강하다.

협박 그리고 축구공

　　그러던 어느 날이었다. 가족 모두 외출했다가 집으로 돌아오는데 우리가 사는 아파트 집 문에 낙서가 되어 있었다. 낙서를 읽던 순교의 얼굴이 일그러졌다. 동네 불량배들이 우리 가족을 정식으로 협박하고 있었던 것이다. 불량배들은 그 동네에 살고 있는 유일한 외국인이었던 우리에게 그동안 지나치다 싶을 정도로 해코지를 해왔다. 그래도 나는 계속 참고 있었다. 하지만 아이들을 해치겠다는 협박 앞에서는 정말 참기가 힘들 만큼 화가 났다. 꽉 쥔 주먹이 부들부들 떨렸다. 기분 같아서는 당장 녀석들을 찾아가고 싶었다.

　　'나의 태권도 실력으로 녀석들에게 본때를 보여 줄까? 그러면 만만히 보지 못할 텐데….'

　　내 힘으로 충분히 녀석들을 때려눕힐 수도 있을 것 같았다. 하지만 나는 가눌 수 없는 마음의 격동 속에 하나님 앞에 무릎을 꿇었다.

'주님, 선교사로 이 땅에 왔습니다. 사랑의 마음과 하늘의 지혜를 주십시오.'

지나고 보니 그것은 마라의 쓴 물을 단 물로 바꾸시는 하나님의 중요한 시험이었다. 다행스럽게도 한참을 기도하고 나니 점차 화가 누그러졌다. 그리고 우리를 해코지하는 아이들을 놓고 기도하게 되었다.

'하나님, 이 아이들을 어떻게 하면 사랑할 수 있을까요?'

그런데 생각지 않은 곳에서 문제가 풀렸다. 그 무렵 우리의 인생에 삶의 멘토가 되어 주신 진달래교회 이병창 목사님께서 우리 가족을 격려하기 위해 우즈베키스탄을 방문해 주셨다. 그때 목사님께서는 한국에서 가져온 축구공을 우리에게 선물해 주셨는데 나는 시간이 날 때마다 하늘이, 영광이와 밖에 나가 그 축구공으로 놀이를 하곤 했었다. 그래봐야 아이들이 아직 어렸으므로 공을 주고받으며 노는 수준이었다. 그런데 동네 아이들이 우리가 축구하며 노는 그 시간에 하나둘 몰려드는 게 아닌가.

목사님께서 선물해 주신 그 한국 축구공은 우즈베키스탄 아이들이 보기에 굉장히 좋은 것이었던 것이다. 실제로 품질이 좋은 축구공이 흔하지 않았으므로 가죽 재질의 우리 축구공에 동네 아이들의 마음이 녹아내린 것이었다. 물론 아이들이 처음에는 내 눈치를 살피며 구경만 했다. 그러다가 "같이 하자"는 나의 말에 신나 하며 함께 뛰놀기 시작했다. 그렇게 같이 축구를 하다 보니 하늘이 영광이와 더욱 친해지고 싶어 하는 동네 아이들의 눈빛을 보게 되었다. 좋은 축구공이 있는 집 아이들이라고 치켜세워 주기까지 했다. 축구공 하나로 동네 아이들과 친해지게 될 줄은 미처 몰랐다. 동네 아이들이 축구공 하나로 모이자 번뜩 이런 생각이 들었다.

'아하, 농아 사역도 이렇게 하면 되겠네!'

전도사 시절 중등부 아이들과 축구하며 함께 놀고 떡볶이 먹으며 말씀으로 양육하지 않았던가. 그동안 우즈베키스탄에서의 구체적인 사역을 놓고 기도하고 있었던 나는 그 해결의 실마리를 축구공에서 찾았던 것이다. 언젠가 이병창 목사님께서 잘되는 집은 항상 잔치를 한다는 얘기를 하신 적이 있다. 아내와 나는 수중에 있는 돈이 다 떨어질 때까지 농아들을 잘 먹여 보자는 마음으로 농아축구대회 잔치를 준비하기 시작했다.

'우즈베키스탄에 있는 축구 좋아하는 농아들, 다 모여라.'

대학 시절 손짓사랑회 활동을 하며 쌓은 경험들이 유감없이 발휘된 것이다. 나는 농아들과 팀을 짜서 축구 시합을 주관하고 아내는 우즈벡의 잔치음식인 기름밥, 플롭 등을 준비해서 농아들의 허기를 채워 주었다. 결과는 대성공이었다. 우리는 마음껏 공을 차고 뛰며 축구를 하는 우즈벡의 농아들을 보았다. 응원 온 그들의 가족들과 친구들도 만나게 되었고 함께 밥을 먹으며 우리는 면목을 익혔다.

낯선 우즈베키스탄 땅에서 수화와 모습은 다르지만 농아들을 다시 만나서 함께 땀 흘리며 축구를 하고 밥 먹으며 식탁의 교제를 나누게 해 주시는 하나님께 너무나 감사했다. 나의 계획으로 된 것이 아니라 하나님께서 인도하신 것이었으므로 모든 것이 하나님의 은혜임을 고백하지 않을 수 없었다. 감사와 기쁨으로 마음이 뜨거웠던 나는 농아들 한 명 한 명의 손을 잡아 주고 안아 주었다. 눈으로, 손으로, 마음으로 나를 통해 예수 그리스도의 사랑이 흘러가길 소원하는 마음으로 다가 갔다.

그때 유독 내 눈에 띄던 한 사람이 있었다. 축구장에서 농아들과 시합을 하던 청년이었는데 축구도 뛰어나게 잘할 뿐만 아니라 무엇보다 말을 하는 게 아닌가. 축구할 때 농아들과 수화를 하기에 농아인 줄 알았는데 아니었던 것이다. 청년은 주저하더니 솔직하게 이야기했다.

"농아들끼리만 하는 축구 시합인 줄 알면서도 축구가 너무 하고 싶어서 왔습니다. 저도 축구하게 해 주세요."

간절한 그 청년의 눈빛이 왠지 마음을 움직였다.

"그런데 어떻게 그렇게 수화를 잘 하지?"

"저희 집 식구는 다 농아인데, 저는 말을 할 줄 알거든요."

농아인 부모에게서 태어난 건청인이었던 것이다. 말하는 사람이면서 러시아 수화를 완벽하게 구사하는 청년과의 만남을 통해 생각 하나가 머리를 스쳤다.

"나에게 러시아 수화를 가르쳐 줄 수 있겠어요? 대신 축구는 계속해도 좋아요."

"그럼요, 가르쳐 드릴게요. 고맙습니다."

축구를 해도 좋다는 얘기에 그 청년은 뛸 듯이 기뻐했다. 한국식 수화가 우즈베키스탄에서는 통하지 않았으므로 러시아 수화를 새로 배워야 했던 나는 그 청년을 만나게 되어 정말 다행스럽게 생각했다.

"그런데 제가 당신을 무엇이라고 불러야 할까요?"

그 청년의 질문에 우즈베키스탄의 이름을 알려 주었다.

"올름 아꺄."

하나님께서 그렇게 농아인 부모님 밑에서 태어난 건청인 청년을 만나게 해 주었다. 그때부터 그 청년은 우리 집으로 찾아와 나와 아내에게 러시아 수화를 가르쳐 주기 시작했다. 축구를 시작한 후 우리 집에는 찾아오는 농아들의 발걸음들이 더욱 많아지게 되었다. 밥사 아내의 밥 짓는 손길도 덩달아 분주해져갔다.

첫 열매

　"무릇 존은 무슨 일 해?" 어느 날인가 우리는 수화 공부를 열심히 하고 난 후 식탁에 둘러앉아 밥을 먹고 있었다. 두런두런 얘기를 나누다가 내가 문득 물었다. 그러자 무릇 존이 당황스러워하는 눈치를 보였다.

　"시, 시장에서 일해요."

　무릇 존의 반응이 영 시원하지가 않았다. 나는 다음 날인가 무릇 존이 일한다는 시장에 가 보았다. 서울의 동대문 시장 같은 곳이라고 할까. 수도 타슈켄트에 있는 아주 큰 재래시장이었다. 여러 가지 물건과 그것들을 사려고 우즈베키스탄 각지에서 몰려온 사람들로 시장은 북적댔다. 그 복잡한 사람들 틈바구니에서 무릇 존을 찾을 수 있었다. 먼 발치에서 바라본 무릇 존의 모습에 나는 적잖이 놀랐다. 무릇 존이 왜 자신이 하는 일을 당당하게 밝힐 수 없었는지 그 이유를 알 수 있었다.

　우리나라 장터 같은 데 가면 야바위꾼을 흔히 볼 수 있는데 무롯 존이 그 일을 하고 있었다. 도시의 큰 시장으로 물건을 사려고 올라온 어수룩한 시골 사람들의 쌈짓돈을 빼앗는, 속임수 게임을 하고 있었던 것이다. 내가 다가가자 무롯 존이 나를 알아보고 당황스러워했다.

"올름 아꺄…."

"무롯 존, 잠깐 나와 봐."

"왜요?"

"배 안 고파? 빵 사 줄게."

　무롯 존은 함께 있던 옆 사람한테 맡기고 잠깐 자리를 빠져나왔다. 그는 부끄럽고 속상한지 내가 사 준 빵도 안 먹고 연신 담배를 피워댔다. 무롯 존은 그때 하루에 한두 갑씩 담배를 피웠다. 나는 무롯 존의 담배를 빼앗았다.

"?"

　무롯 존이 왜 그러나 하는 눈으로 나를 바라보았다. 나는 주머니에서 다른 담배를 꺼냈다.

"네가 피우는 그 담배는 너무 독해. 이거 피워. 이게 조금 더 좋은 거래."

　물론 나는 담배를 전혀 피울 줄 모른다. 내가 담배에 대해서 뭘 알아서 사다 준 것이 아니라 값이 싼 너무 독한 담배를 피우는 게 안쓰러워서 조금 더 비싼 담배를 사다 준 것이었다. 쑥스러운지 머리를 긁적거리며 무롯 존이 자리에서 일어났다.

"자리를 오래 비우면 동료가 투덜거려요."

우리가 다시 무롯 존이 일하던 곳으로 돌아가 보니 그 일대가 시끌시끌했다. 내가 무롯 존을 불러낸 사이에 갑자기 경찰 단속이 뜬 것이다. 무롯 존의 동료들도 경찰들에게 붙들려서 연행되어 갔다. 그런데 신기한 것은 그 후로도 내가 시장으로 찾아가서 "무롯 존, 빵 하나 사 줄게" 하면서 잠깐씩 불러낸 날은 어김없이 경찰 단속이 떴는데 무롯 존만은 그 자리에 있지 않아서 경찰에게 붙들리지 않았던 것이다. 그런 경험을 몇 번씩 하고 나자 나를 바라보는 무롯 존의 눈이 달라졌다.

'아, 이상하다…. 이 한국 사람만 만나면 뭔가 좋은 일이 있네…?'

그래서인지 무롯 존은 조금씩 나에게 마음의 문을 열기 시작했다. 무롯 존에게 어떻게 이런 야바위꾼 노릇을 하게 되었냐고 물었다.

"난 더 이상 농아들하고 인연을 맺고 싶지 않았어요. 집도 너무 가난하고…. 그래서 일자리도 구할 겸 말하는 사람들 속에서 살고 싶어서 집을 나왔지요."

무롯 존은 진심으로 괴로워하는 속마음을 털어놓고 있었다.

"알아요. 나도 이게 나쁜 일인 걸요. 나는 굉장히 나쁜 사람이에요. 내가 많은 사람을 울렸거든요. 나 때문에 많은 가정이 괴로움에 빠졌고. 나도 여기에서 나가고 싶어요. 점점 더 깊숙이 빠져들게 될 것 같아 무서워요…."

나는 무릇 존의 어깨를 두드려 주었다. 그의 고통을 함께 나누고 싶었지만 그때 내가 무릇 존에게 해 줄 수 있는 일은 그저 그의 이야기를 들어 주는 것밖에 없었던 것 같다.

무릇 존은 농아들로부터 달아나기 위해 농아인 가족과 농아 마을을 떠나왔던 것이다. 나는 무릇 존에게 영적으로 나의 후견인이 되어 준 소록도 나병 환자들의 삶의 이야기들을 시작하게 되었다. 무릇 존이 호기심 어린 눈으로 나를 바라보았다. 나는 빙그레 웃었다. 이슬람 국가에서는 직접적으로 예수를 전할 수 없지만 자신의 신앙을 간증할 수는 있다. 뿌리 깊은 원불교 가정에서 태어나고 자랐던 내가 어떻게 강권적으로 하나님을 믿게 되었는지, 소록도에서 변화된 이야기와 교도소에서 세례 받은 이야기를 들려주었다. 무릇 존은 나의 이야기에 굉장한 관심을 보였다.

이후로 우리는 더욱 자주 만나게 되었다. 나와 아내는 무릇 존에게 열심히 러시아 수화를 배웠고 그가 올 때는 사랑으로 맛있는 밥을 함께 했고 나중에는 우리를 농아인 마을에 데려가 주었고 자신의 가족을 소개해 주었다.

그러던 중 무릇 존과 함께 우즈베키스탄의 다른 도시를 동행하게 되었다. 사마르칸트 부하라 히바 누크스로의 여정이었다. 그 길고도 먼 여행에서 나는 내가 받은 말씀의 은혜를 그와 나누었다. 그리고 기도하는 가운데 하나님의 은혜로 무릇 존이 방언을 받았다. 무릇 존은 그때의 성령 체험으로 자신을 사로잡은 하나님에 대해 믿게 되었고 하나님을 알고 싶은 마음이 불 일듯 일어나게 되었다. 마치 내가 법당에서 목탁을 치다 하나님을 만나고 성경을 통해 그를 알아갔던 것처럼 무릇 존도 말씀을 사모하게 되었다.

무릇 존의 영적인 회복 과정은 참으로 놀라웠다. 자신이 하나님 없이 살 수 없는 영적인 존재라는 것을 깨닫게 되었다. 하나님 없이 살다가 짐승처럼 흙으로 돌아가거나 먼지가 되어 사라지는 허탄한 육신적인 삶에서 하나님만을 의지하는 영적인 삶으로 돌이키게 된 것이다.

무릇 존은 하나님의 참된 진리를 접하고는 있는 그대로의 자신을 사랑하게 되었다. 오히려 농아인 가정에 건청인으로 태어나서 농아들을 대변하고 그들에게 도움을 주며 살아가길 원하게 되었다. 마침내 무릇 존은 자신을 농아들을 위해 사용해 주시는 하나님께 감사하기에 이르렀다.

무릇 존은 하나님께 돌아온 우리의 귀한 첫 열매가 되었다. 나는 무릇 존의 모습을 보며 내가 처음 예수님을 믿게 되었을 때 나를 진정 기뻐하시던, 하늘 아버지를 생각하게 되었다. 그리고 나를 아버지께로 인도하신 선생님들을 생각하게 되었다.

'얼마나 기쁘셨을까!'

나는 무릇 존이라는 참으로 귀한 열매를 맺게 해 주신 하나님께 진심으로 감사했다.

교회가 되다

　　　　우리의 축구 잔치는 일회로 끝나지 않고 꾸준히 지
속되었다. 우리는 정기적으로 축구 경기와 잔치를 열었다. 나중에는 우
즈베키스탄뿐 아니라 카자흐스탄 키르기스스탄까지 찾아가 농아축구
경기와 잔치를 열어 주었다.

　우즈베키스탄의 '조용한' 농아 사회는 손짓과 눈짓만으로 정보 전달
이 이루어지지만 정보 전달의 속도와 그 범위는 놀라울 정도였다. 농아
들 중에는 시베리아 횡단 열차를 타고 모스크바에서 블라디보스토크
까지 물건을 배달하는 아이들이 있었다. 그런 아이들이 그 먼 거리를
기차를 타고 다니며 '손짓에서 손짓으로' 소문을 내주었다. 우즈베키스
탄에 농아들을 위한 축구 시합이 언제 있다고 하면 다른 지역은 물론,
주변 나라의 농아들까지 찾아오기 시작했다.

그러다 보니 경기 때마다 찾아오는 농아들의 숫자가 기하급수적으로 늘어만 갔다. 나는 그중에서 축구를 잘하는 아이들을 눈여겨보았다가 뽑아서 별도의 훈련을 시켰다. 나는 그들을 영적으로 육신적으로도 깨우고 싶었다.

하나님 말씀으로 사람이 영적으로 깨어나고 회복되더라도 세상 속에서 살다 보면 다시 이전의 습관대로 죄를 반복하며 다시 심령이 딱딱해지기 쉽다. 그래서 나는 축구를 통해서 장애인들이 마약과 폭력과 무기력한 생활에서 벗어나 건강한 정신과 몸을 회복하고 유지해 가길 원했고 동시에 믿지 않는 선수들은 축구를 통해 하나님을 만나는 귀한 통로가 되길 원했다.

짧은 기간에 30명에 달하는 농아 선수들을 선발했다. 농아들을 축구공 하나로 모았으니 어쩔 수 없이 내가 감독을 해야 하는 상황이 되었다. 초등학교 때는 테니스 선수로 뛰고, 중학교 때는 축구부에서 축구를 했었지만 그 정도 실력만으로는 선수들을 지도할 수 없었다. 감독을 하려니까 따로 공부할 필요가 있었다. 나는 독학으로 관련 서적을 탐독하고 비디오를 보면서 열심히 공부했다. 훈련을 하면서도 감독의 눈으로 선수들을 관찰했다.

우리는 우즈베키스탄 타슈켄트에 있는 농아 마을에서 주로 모여서 훈련을 했다. 하루 종일 일하고 피곤한데도 선수들은 오히려 축구하는 것을 좋아했고 모이기를 즐거워했다. 축구를 잘할 뿐 아니라 특별히 축구를 좋아하는 열정이 있던 농아들은 서로를 무척 아껴 주었다.

나는 이때까지만 해도 축구가 우리의 주 사역이 될지 정말 생각하지 못했다. 그 당시 나의 기쁨은 이렇게 축구를 함께한 농아들이 하나둘 우리 집에 모여서 예배를 드리기 시작했다. 사실 우리는 우즈베키스탄 농아교회의 창립일이 언제인지 아무도 모른다. 어느 순간 보니까 함께 찬양하고 말씀 나누고 기도하고 있더라는 것이다. 기억을 더듬어 올라가 보면 무롯 존이 우리 집에 수화를 가르쳐 주기 위해 오던 무렵이지 않았을까. 그 후에 무롯 존을 비롯한 우즈벡의 농아들이 하나둘 우리 집 거실에 모이게 되었지만 처음 시작은 역시 순교네 식구들이었다. 작은 아파트 거실에서 시작된 식탁의 모임이 이렇게 예배 공동체로 전환이 되었다는 것이 주님의 은혜가 아니면 감히 설명할 수 없는 일이 되었다.

그 당시 우리는 무롯 존에게 한국말로 노래를 가르쳐 준 적이 있다. 무롯 존은 지금도 이 찬양을 한국어로 아주 잘 부르고 그가 좋아하는 찬양 중 하나이다.

'함께 갑시다. 내 아버지 집. 내 아버지 집. 내 아버지 집.
함께 갑시다. 내 아버지 집. 참된 사랑 있는 곳.'

우리는 우즈벡에 가서 교회를 세운다거나 교회를 시작하겠다는 생각은 없었다. 그런데 참으로 신기한 것은 너무나 자연스럽게 축구하고 밥 먹고, 밥 먹고 축구하고 그러다가 교회가 형성된 것이다. 우리는 정말 몰랐다. 축구가 우리의 주 사역이 될지 몰랐고 그 축구를 통해서 교회가 생겨나고 믿는 사람이 나타날 줄 몰랐다. 사람이 계획한다고 되는 것이 아닌, 그야말로 하나님이 하신 일인 것이다. 이슬람 땅의 운동장에 축구교회가 세워지다니…. 일체가 은혜요, 감사임을 고백하지 않을 수 없다.

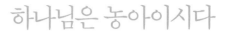

하나님은 농아이시다

　　하나님의 은혜로 우리 집 거실로 모이는 농아들이 한두 명씩 계속 늘어났다. 그들은 하나님 말씀 배우기를 원했다. 우리는 가정예배로 드리면서 특별히 말씀을 사모하는 이들을 위해서는 성경 공부를 시작했다.

　　장애라는 불편한 육신의 옷을 입고 있지만 여러분이야말로 세상을 창조하신 전능하신 하나님의 축복 가운데 특별히 구별된, 특수복을 입고 이 땅에 내려온 하늘 천사라고 사랑을 나누기 시작했다.

　　특히 이슬람의 문화에 따라 장애인들의 첫인상인 '신에게 저주받았다'는 종교적 가르침 아래에서 더욱 소외되고 고통받던 우즈베키스탄 농아들에게 나는 하나님 말씀을 선포했다.

　　듣지 못하기 때문에 '눈으로 보이는 것'으로 감을 잡아서 살아가는 농아들에게 효과적으로 말씀을 전달하기 위해서 노력했다. 일단, 설교할 때 칠판에 써가면서 말씀을 전했다. 그리고 최대한 액션을 많이, 크게 취했다. 농아들이 잠시 눈을 뗀다거나 피곤해서 깜빡 졸기라도 하면 설교의 흐름을 잘 이해하지 못하고 흥미를 잃기 쉬웠으므로, 농아들이 이해하기 쉽도록 시각 자료들을 이용해서 말씀을 전하기도 했다.

말씀에 갈급한 농아들에게 하나라도 더 잘 가르치기 위해 우리는 고민하고 애썼다. 예배 시간과 성경 공부 시간에 농아들이 산만해질라치면 그들의 정신을 집중시키기 위해 온갖 방법을 동원하곤 했다. 인도자나 사회자가 발을 굴러 진동을 전달하거나 전등을 껐다, 켰다 반복하기도 했다.

그러던 어느 날 농아들과 예배를 드리고 성경 공부를 하면서 어떤 가능성을 발견한 지점이 있었다. 그것은 설교 시간이 끝난 후 서로의 삶을 나누는 간증 시간이었다. 이러한 나눔 시간은 당시 우리 사역의 특징상 필요에 의해서 시작된 것이다. 왜냐하면 예배의 설교 말씀을 농아들이 제대로 잘 이해했는지, 혹시 농아들이 놓치거나 오해하는 부분은 없는지, 확인하기 위해서 시작되었기 때문이다.

나눔 시간에 한 명씩 돌아가면서 그날 말씀 중에 이해가 안 되거나 놓친 부분을 질문하거나 지난 일주일을 말씀에 비추어서 어떻게 살았는지 자기 삶을 나누게 했다. 그런데 의외로 우즈베키스탄 농아들이 참 적극적으로 참여해 주었다.

그러던 중 언젠가 '우리에게 있어야 할 표적은 무엇인가?'라는 제목으로 설교를 한 적이 있다. 그리고 일주일 후 모여서 예배를 드리고 간증을 하게 되었다. '일주일 동안 말씀으로 어떻게 살았는가?'에 대해서 서로 돌아가면서 간증을 나누던 농아들이 어느 순간 이구동성으로 이렇게 말하는 게 아닌가!

"하나님은 살아 계신 것 같아."

"맞아, 하나님은 살아 계셔."

"하나님은 진짜 있어."

하나님이 계시다는 것과 자신의 삶 가운데 하나님께서 함께하신다는 것을 느낀 농아들이 자신의 입술로 처음으로 고백하던 순간이었다. 그것이야말로 성령의 역사였다. 귀가 들리지 않는 농아들이 서로의 삶을 나누는 가운데 성령의 역사로 믿음의 확신을 갖게 된 것이다.

믿음이 들어가면서 농아들은 자신이 기도할 수밖에 없는 존재라는 것을 알아차리게 되었다.

농아들이 경험하는 영적 체험 중에는 방언도 있다. 농아들이 깊이 기도하는 중에 몸이 떨리고 손이 떨리는 모습을 보게 된 것이다. 처음에 나는 그것이 하나님께서 농아들에게 주신 방언인 줄 미처 깨닫지 못했다. 그런데 그런 친구들이 한두 명이 아니었다. 많은 농아가 기도하는 중에 몸과 손의 떨림으로 성령의 임재를 경험했던 것이다. 그렇게 하나님을 만난 농아들은 하나님께 지속적으로 기도하며 하나님과 깊이 교제 나누는 이들도 속속 생겨났다.

"하나님은 나에게 수화로 말씀해 주세요."

"저에게 하나님은 농아세요."

나는 감격했다.

"와! 농아들에게 찾아오신 그 하나님은 농아셨구나!"

땡중이었던 나를 만나러 내가 늘 머물던 법당에 오셨던 하나님, 화두를 붙들고 수행하던 나에게 성경을 글자가 아닌 거울로 보라며 거울 '경'자 화두를 던져 주셨던 하나님은 우리 농아들에게는 농아로 찾아오셨구나!

우리 모두는 뜨거운 마음으로 하나님을 찬양했다. 하나님께서는 그런 우리 농아들에게 특별한 은사를 부어 주셨다. 예수님께서 공생애 사역을 시작하시며 많은 장애인을 고치셨듯이, 믿는 자에게 주신다는 신유의 은사를 우리에게도 주신 것이다. 우리 농아교회에는 많은 병 고침의 이적들이 나타났다.

그중에서 3대째 농아가정에서 태어난 스비에따에게 부어 주신 치유의 은사는 정말 특별했다. 스비에따는 결혼을 해서 아이를 낳았는데 그 아이 역시 농아였다. 아이의 이름은 샤샤였다. 그런데 샤샤의 머리가 보통 아이의 2배 정도로 컸다. 의사를 찾아가 보았지만 아이를 고칠 수 없으며 머리가 치료된다 해도 걷지 못할 거라고 했다. 스비에따가 예수님을 믿고 그 영혼이 하나님의 형상을 닮은 자로서 하나님 안에서 깊이 회복되자 하나님께서 그녀에게 신유의 은사를 주셨다. 그때 스비에따는 〈마가복음〉 16장의 말씀을 붙들었다.

> "믿고 세례를 받는 사람은 구원을 얻을 것이요 믿지 않는 사람은 정죄를 받으리라 믿는 자들에게는 이런 표적이 따르리니 곧 그들이 내 이름으로 귀신을 쫓아내며 새 방언을 말하며 뱀을 집어올리며 무슨 독을 마실지라도 해를 받지 아니하며 병든 사람에게 손을 얹은즉 나으리라"(막 16:16~18)

스비에따는 믿는 자에게 나타나는 이적을 믿음으로 받고 샤샤의 이름을 '임마누엘'이라고 바꾸었다. 그리고 하나님께서 함께하시는 임마누엘을 놓고 매일 안수하고 기도했다. 그랬더니 정말 믿을 수 없는 일이 일어났다. 의사조차 불가능하다고 했던 일이 일어났다. 바로 아이의 머리가 점점 작아졌던 것이다. 스비에따가 3년 동안 그렇게 기도했더니 임마누엘의 머리는 정상 크기가 되었고 이제는 건강한 모습으로 농아학교에 다니고 있다.

우리는 하나님을 찬양했다. 찬양할 때 움직이는 농아들의 손짓은 일렁이는 파도 물결 같다. 우리는 청력이 조금이라도 남아 있는 농아들을 위해서 찬양 CD를 크게 틀어 놓는다. 그들은 조금이라도 더 잘 들으려고 스피커 속으로 들어갈 것처럼 귀를 기울였다. 정확하지 않은 음정과 박자일지라도 열심히 찬양하는 우리 농아들의 기쁨의 찬양 물결 속에서 하나님께서는 우리와 함께 계셨다.

우리 농아교회 농아들에게 나타난 이적들이, 삶의 간증들이 농아 사회 속으로 흘러들어갔다. 농아 사회는 닫힌 듯, 정체된 듯하면서도 굉장히 소문이 빠르게 나는 다이내믹한 사회이다. 그런 농아 사회에 농아들의 간증으로 예수님의 소문이, 예수님의 말씀이 소리 없이 누룩과 같이 빠르게 퍼져 나갔다.

특별하신 은총

나는 처음 우즈베키스탄에 도착했을 때 영적인 전투나 거창한 의미의 선교를 생각하지 않았기 때문에 이슬람 땅이라고 해서 특별히 두렵거나 떨리지 않았다. 그런데 생활할수록 그곳의 영적인 상황들이 눈에 보이고 피부로 느껴지면서 솔직히 긴장하지 않을 수 없었다.

"누구든지 모슬렘 신앙을 버리는 자는 죽여도 좋다."

모슬렘의 영으로 가득 찬 땅, 우즈베키스탄에서는 이슬람을 버리고 기독교나 여타의 다른 종교로 개종하는 것은 곧바로 저주요, 죽음이라고 생각됐다. 또 예수님과 복음을 전하는 자, 선교사들의 위치도 사실 대단히 불안했다. 비자 연기가 불허될 경우 속절없이 그 땅을 떠나야 하기 때문이다. 이렇듯 언제 어떻게 닫힐지 모르는 선교의 틈바구니에서 복음을 전하는 자나, 받는 자나 지혜롭고 전략적이어야 했다.

　실제로 우리가 사역하던 때에 이슬람 강경파의 테러로 추측되는 사건이 일어나 우즈벡에 계엄령이 선포된 일이 있다. 타슈켄트 중심부 여섯 군데에서 동시다발로 폭탄이 터져서 민간인들이 숱하게 죽어나간 사건이었다. 계엄령이 선포되자 모든 학교는 휴교에 들어갔고 시내에는 군 차량들이, 거리에는 기관총으로 무장한 군인들이 배치되었다. 희생자들의 장례식이 치러질 때는 관공서마다 조기를 달았고 모든 매체에서 추모방송이 계속 보도되었다.

　우리가 사는 곳 가까이에서 폭탄 테러가 발생하고 총격전이 일어나고 있었다. 죽음이 삼킬 자를 찾기 위해 입을 벌리고 우리 주변을 맴도는 듯했다. 하지만 참으로 신비로운 것은 그런 와중에서 하나님은 일하신다는 것이다. 이 시기 우리 농아교회는 하나님의 특별하신 특혜 가운데 당신의 백성을 지키시는 주의 열성으로 참 많은 은혜를 받고 있었다.

　대통령 선거를 앞두고 정치적으로 심히 혼란스러웠던 그 해 부활주일이 가까웠던 때였는데 예배 장소를 물색해야 했다. 절기 예배였으므로 성도들이 더욱 많이 모일 것에 대비해 넓은 장소를 알아봐야 했다. 이때 사람들이 많이 모이는 곳에 위험이 있을 것이라는 유언비어가 돌았기 때문에 특히 더 조심해야 했다. 보안상 문제가 되어 그동안 예배드렸던 장소마다 거듭 취소가 되었다. 다음 날이 부활주일인데도 어느 누구도 부활절 예배 장소를 정하지 못했다. 당시 우리는 얼마나 급했던지, 예배 장소라고 아무도 상상하지 못할 곳인 나이트클럽을 생각해 보기도 했다.

그렇게 진통을 겪다가 부활주일 당일에 극적으로 장소가 정해졌는데…. 신실하신 하나님께서 예배 장소로 허락해 주신 곳은 학교 강당이었다. 우리는 하나님께서 예비해 주신 널따란 예배 장소에서 감탄하며 부활의 첫 열매가 되신 예수 그리스도를 찬양했다.

일찍이 성 어거스틴은 '믿음은 들음에서 난다'는 〈로마서〉 10장 17절을 근거로 해서 '농아인은 귀가 먹은 까닭에 구원을 받지 못한다'고 단언했다. 성경을 읽던 농아가 나에게 이렇게 물었다.

'우리는 다 귀신들린 자입니까?'

'내 안에 귀신이 떠나가면 나도 말할 수 있고 들을 수 있는 것입니까?'

'그렇다면 우리가 드리는 예배는 귀신들과 함께 드리는 예배입니까?'

'하나님이 사람으로 오셔서 십자가에 피 흘려 죽기까지 우리를 사랑하셨던 그분의 사랑이 그렇게 제한적인 것입니까?'

농아들이 나에게 이렇게 자신들의 가슴 아픔을 호소했다. 그들의 탄식이 나의 마음을 아프게 했다. 하지만 분명한 사실이 있다. 농아들이 모여서 찬양을 해도 안 들린다. 설교를 해도 안 들리고 기도를 해도 안 들린다. 그런데 너무나 감사하게도 하나님은 들으시고 하나님은 받으신다는 것이다. 얼마나 감사한가! 특별하신 은총이다.

하나님의 신비

　　2000년을 기점으로 우즈벡 사회는 전반적으로 더욱 불안정한 상태가 계속되었다. 타슈켄트에서 동시다발적으로 발생한 폭파 사건 이후로 국가 비상사태가 다시 한 번 발효되고 인접국 간의 국경들이 속속 닫혔으며 거리에는 무장 군인들이 경계를 섰다. 이때 나는 신분증 없이 지하철을 탔다가 경찰에 붙잡혀 1시간 이상 조사를 받고 간신히 풀려나오기도 했다. 그럼에도 불구하고 이러한 환경과 여건 가운데에서도 하나님의 일하심을 잠잠히 서서 바라보며 우리는 감탄하곤 했다.

　　이때 우리 농아축구단은 하나님의 은혜로 한국을 방문했다. 우즈베키스탄 농아인 국가대표 축구팀의 자격으로 한국에서 열리는 농아축구대회에 참가한 것이다. 이것은 우리 농아축구팀의 첫 한국 방문이었다.

농아들과 한국에 도착한 첫날밤 우리는 서울 종각에서부터 동대문 시장까지 걸으면서 서울 밤거리를 구경했다. 모든 것을 처음 보듯이 그리고 언제 다시 볼 수 있을까 하는 마음으로 경이롭게, 신비롭게 바라보았다. 그날 우리는 100미터 정도의 거리를 움직이는데 두 시간이나 걸렸다. 그런 농아들의 모습을 보며 나는 전율했다.

'하나님이 그 지으신 모든 것을 보시니 보시기에 심히 좋았더라' 하신 하나님의 눈! 농아들에게서 그 하나님의 눈을 발견한 것이다.

'오늘을 어제 살았던 경험으로 사는 것이 아니라 인생의 처음이자 마지막처럼 하나님이 주신 하늘의 신비를 느끼며 사는 것.'

그때 하나님께서는 나에게 하루하루를 경험으로 살지 않고 하나님의 눈으로 하늘이 준 생명을 누리고 하늘의 신비를 느끼는 가운데 살아가는, 특별한 인생의 지혜를 주셨다.

들리지 않는 농아들을 위해 깃발을 흔들며 농아들을 인솔했던 우리는 열다섯 명의 농아가 하나라도 길을 잃지 않도록 이리 뛰고 저리 뛰어다녔다. 그런데 들을 귀 없는 농아들을 향해서 깃발을 흔들 때마다 나의 가슴을 울리던 하나님이 주신 사인(sign)이 있었다. 〈요한계시록〉 일곱 교회에게 주셨던 '귀 있는 자는 성령이 교회들에게 하시는 말씀을 들을지어다' 하신 말씀이었다. 그 말씀을 믿음의 눈으로 바라보게 되었다. 즉, 사람의 소리를 못 듣는 자가 농아가 아니라 하나님의 소리를 듣지 못하는 자가 농아라는 것을 알아차리게 되었다.

전국농아축구대회가 끝난 후 우리는 남원과 전주에 계신 양가 부모님과 우리의 결혼 주례를 해 주셨던 이병창 목사님과 내가 전도사 생활을 했던 여수 은현교회도 방문하면서 우즈베키스탄 농아축구팀들에게 우리가 거쳐 온 지난날의 삶을 좀 더 깊이 공개했던 시간이었다.

농아들과 여수 만성리 해수욕장에 갔을 때였다. 한국 사람들은 날씨가 추워서 엄두도 못 내는데 바다를 보자 농아들이 풍덩 풍덩 뛰어들었다. 그러고는 한참 후에 이렇게 외치는 게 아닌가!

"누가 이곳에 소금을 뿌려 놓았냐!"

내륙인 우즈벡에는 호수는 있어도 바다는 없다. 그래서 평생 바다 구경 한번 하지 못하는 우즈베키스탄 사람들도 많다. 그러니 짠 바닷물도 처음 먹어본 것이다. 그때의 한국 방문으로 우즈벡 농아들은 많은 것을 보고 느끼고 생각하게 되었다. 모든 일정을 마치고 우즈벡으로 돌아온 농아들이 우리에게 질문했다.

"왜 그렇게 좋은 한국을 떠나 힘든 이곳에서 우리와 같이 살고 있지요?"

이슬람 땅에서 복음을 전하는 것은 불법이지만 질문에 답을 하는 간증은 위법이 아니기 때문에 우리는 시간가는 줄 모르고 위로부터 온 은혜와 사랑을 간증하기 시작했다.

하나님에게 받은 사랑을 지극히 작은 자 하나에게라도 전하고 싶은, 하나님 은혜에 빚진 마음을 우리 농아들도 느낄 때가 오리라 기대하게 되었던 추억이 나에게 있다.

그 무렵 우리는 우즈베키스탄에서 러시아어 수화책자 발간을 하며 출판 기념회를 했다. 출판 기념회와 함께 농아축구팀이 우즈벡 2부 리그에 출범을 하는 창단식도 함께 갖기로 했다. 2000년 2월 21일 농아들을 위한 수화책이 발간되고 축구팀이 창단되는 기념 행사가 우즈베키스탄에서 처음으로 열렸다. 우즈베키스탄의 4개 TV채널과 라디오, 스포츠 신문에서 취재를 나왔다.

나는 이때 참으로 신비로운 경험을 했다. 우리는 기념 행사의 식순에 '수화 찬양'을 하는 순서를 넣었다. 한국 수화 찬양〈당신은 사랑받기 위해 태어난 사람〉과 우즈벡 수화 찬양〈나 같은 죄인 살리신〉, 〈예수 나를 위하여〉 두 가지 수화 찬양이었다. 그런데 이 수화 찬양들이 우즈베키스탄 국영방송 4개의 채널에서 방송이 되었다. 이슬람 땅에서 하나님을 찬양하는 찬송이, 하루도 아니고 3일 동안 계속 공중파 방송을 타며 우즈베키스탄에 소리 없이 울려 퍼진 것이다.

교회에 대한 압박이 거세지고 기독교로 개종한 이들에 대한 처벌이 강화되는 분위기 속에서도 하나님은 그렇게 연약한 자를 사용해서 당신의 사역을 진행해 나가고 계셨다. 우즈베키스탄 국영방송에서 울려 퍼지는 소리 없는 찬양을 보며 하나님께서 우리와 함께하시고 우리를 통해서 일하시는 것과 연약한 자를 들어 쓰시는 하나님의 신비를 맛보았다.

이겨라! 가바라쉬 루까미

우즈베키스탄 농아축구팀을 결성하여 아시안게임에서 메달을 따는 것과 이 일로 정부에 인정받아 하나님의 몸 된 교회를 든든히 세워 가는 것이 그 당시 우리의 기도 제목이었다.

기도 제목은 하나님께 '이렇게 이루어 주십사' 아뢰고 요청하는 것인 동시에 그 기도대로 사는 것이라고 나는 말하고 싶다. 기도는 하는 것이다. 기도는 그 너머에 사는 것이다. 하나님께서 기뻐하시는 기도 제목은 그 자체가 응답이라고 생각한다. 기도 제목은 곧 응답이다. 그런 기도 제목을 붙들었다는 것은 이미 하나님의 작정이 우리의 마음에 소원을 불어넣어 주신 것이기에 우리는 그 기도 제목대로 살면 되는 것이다.

이 시기 나는 그 기도 제목대로 살기 위해, 우리의 농아축구팀을 프로 2부 리그에 등록시켰다. 하루가 멀다 하고 모여서 축구하며 훈련하는 농아축구팀이 축구장에서 뛸 수 있는 기회를 찾아야 했다.

'농아들이 건강한 사람들과의 시합을 잘 해나갈 수 있을까?'

우리 농아축구팀은 하나님의 은혜로 2부 리그에서 뛸 수 있게 되었다. 우리 팀의 이름은 사랑이란 뜻의 '세빈치'였다. 사회적으로 환대받는 자들이 아닌 농아들이 공식적으로 리그에 참가한다는 데 농아축구팀은 물론 농아교회 식구들까지 덩달아 신이 나서 설레어 했다.

시합이 있는 날이면 교회 식구들은 너나 할 것 없이 축구장에 모였다. 학교에 다니던 하늘이, 영광이는 수업 대신 응원을 하러 오게 했다. 우리는 듣지 못하는 선수들을 향하여 목소리를 모아 목이 터져라 응원을 했다.

"이겨라! 이겨라! 가바라쉬 루까미 이겨라!"

'가바라쉬 루까미'는 '손으로 말하는 사람들'이라는 뜻이다. 처음에는 그렇게 목청껏 외치다가 나중에는 빈 페트병에 자갈을 넣어 시끄럽게 흔들었다. 그러다 소리로는 안 되겠다 싶어서 나중에는 커다란 천을 사다가 미싱으로 박음질을 해서 커다란 깃발을 만들었다. '손으로 말하는 사람들, 여러분을 응원합니다' 하는 깃발의 외침이 운동장에 크게 출렁거렸다.

리그가 시작되고 경기가 많을 때는 일주일에 두 경기씩 뛰곤 했다. 우리 농아축구팀이 훈련을 하던 환경과 여건이 열악했듯, 시합을 하러 다닐 때에도 선수들의 고생이 이만저만이 아니었다. 보통의 축구팀들은 시합이 있으면 대형버스를 이용해서 한꺼번에 이동하지만 우리는 버스를 구입하거나 대여할 재정이 없었으므로 선수들이 각자 알아서 경기장으로 모여야 했다. 모일 때는 그렇다 쳐도 시합이 끝나고 흩어질 때에는 마음이 사실 좋지 않았다. 시합에서 이긴 날은 그래도 괜찮다. 하지만 시합에서 지고 피곤한 몸으로 터덜터덜 집으로 돌아가는 선수들의 뒷모습을 보노라면 얼마나 안쓰럽던지….

한번은 우리팀이 경기 도중 그라운드에서 갑자기 싸움에 휘말린 적이 있었다. 농아팀 선수들과 상대팀 선수들의 충돌이 있었는데 심판이 너무나 불공정하게 판정을 했다. 선수들끼리 엉겨 붙어 심판에게 항의를 하면서 티격태격하다가 급기야 싸움이 걷잡을 수 없이 커지게 된 것이다. 서너 명이 뒤엉켜 싸우는 것을 보고 나는 순간적으로 갈등했다.

'이걸 같이 싸워 줘야 하나 아니면 벤치를 지키고 있어야 하나?'

가서 말리든지 아니면 어떻게든 해야 하는 상황이었다. 사소한 다툼이 거의 패싸움으로 번져 가고 있었기 때문이다. 결국 내가 그라운드로 뛰어들어 농아들 편에 섰다. 그들이 잘했다, 잘못했다 따지는 말도 하지 않았다. 무조건 우리 선수들 편을 들기 시작했다. 솔직히 말하면 그냥 싸웠다. 나는 교도소에서 재소자들을 제압하던 실력을 발휘해 싸움을 말리는 척하면서 상대방을 제압했다. 옳지 않은 일인 줄 알면서도 감독이 그라운드에서 벌어진 선수들의 싸움에 합세를 한 것이다. 결국은 그날 경찰서에 붙잡혀 갔다가 간신히 풀려났다.

그런데 이 일이 농아들에게 큰 힘이 되었다. 부끄럽게도 감독이 선수들의 싸움에 끼어든 것인데, 이 일로 농아 선수들이 '이민교 감독님은 우리 편이구나'라는 생각을 하게 되었다. 이 일을 계기로 농아들은 우리 가족들을 더욱 가까운 이웃으로 받아 주었다.

축구장에서 싸움이 일어났을 때 내가 그 속으로 뛰어들어가 농아들을 보호하기 위해서 상대팀을 막고 경찰서에 가서도 그들을 대변하는 것을 보며 농아들의 생각이 바뀌었다고 이구동성으로 말을 건넸다. 단순히 이민교가 그들 편이라는 인식을 넘어서 '누군가 나를, 우리를 이토록 사랑하는구나' 하는 예수님의 사랑하심이 나를 통해 우즈베키스탄 농아들에게 조금이나마 흘러갔던 것은 아닐까 감히 생각해 본다.

어찌됐든 그 일을 계기로 우즈베키스탄 농아 마을의 사람들은 나를 그저 외국에서 온 이방인이나 자신들과 다른 비장애인으로 여기지 않고 그들을 진정으로 돕고자 하는 사람이라고 생각해 주기 시작했다.

언젠가 내가 자동차로 이동하던 중에 교통경찰관에게 검문을 받게 된 일이 있었다. 우즈베키스탄은 경찰국가라고 할 만큼 경찰이 많다. 한번 경찰에게 잡히면 무엇인가 법규에 어긋난 점이 나올 때까지 뒤지고 또 뒤진다. 그렇게 경찰에게 붙들려서 한참을 도로가에 서 있는데 지나가던 차가 멈추어 섰다. 차에서 한 사람이 내려서 우리에게 다가왔다. 그는 농아였다. 그가 수화로 경찰관에게 이렇게 말했다.

"내가 아는데 이 사람은 좋은 사람입니다. 그러니 괜히 꼬투리 잡지 마세요."

　내가 전혀 알지 못하는 농아가 길 가다 말고 차에서 내려 나를 변호
해 주는 믿기 힘든 상황이 벌어진 것이다. 경찰관이 내 얼굴을 다시 한
번 쓰윽 훑어보았다. 경찰관 앞에서 사뭇 긴장해 있던 내 마음이 살짝
촉촉해졌다. 낯선 타국에서 나그네가 되어 살던 그때, 나를 감싸 주는
누군가를 만난다는 것이 얼마나 큰 위로가 되던지…. 지극히 작은 자
하나를 사랑하고자 떠났던 우리는 작은 자들의 사랑을 받는 행복한 자
들이 되어 가고 있었다.

일체 은혜 감사

교회 사역 초기부터 우리가 중점을 두었던 부분은 먼저 예수를 믿은 장애인들이 또 다른 장애인들을 섬길 수 있도록 안내하는 것이었다.

'신의 저주로 태어났다고 인식되는 이슬람 땅의 장애인들이 또 다른 장애인을 섬기게 된다면 장애가 신의 저주가 아님을 깨닫지 않을까?'

농아들이 이 사실을 알아차리도록 돕는 것이 내 사역의 목적이자 방향이었다. 이러한 사역의 방향은 "내가 문둥이였기 때문에 예수를 믿게 되었다"는 소록도 할머니, 할아버지의 간증을 듣고 나 같은 사람까지 예수에 전염시킨 소록도 영성에 그 뿌리를 두고 있다. "우리는 알라의 저주가 아니라 하나님의 각별하신 사랑으로 장애인이 되었다"고 이슬람 땅의 농아들이 간증하고, 또 다른 장애인을 섬긴다면 어떤 일이 일어날까? 이슬람 땅의 모든 사람이 장애인들을 통해 하나님의 사랑으로 예수에 전염되지 않을까?

먼저 영적으로 농아들이 살아난 후에 건강한 몸을 갖고 있는 농아들이 시각장애, 지체장애, 정신장애 그리고 나병 환자들까지 하나님의 사랑으로 섬기면 좋겠다는 것이 이슬람 선교의 전략이요, 전술로 항상 기억하며 살고 있었다. 그러던 중 농아들과 함께 시각장애인학교에 가서 머리를 잘라 주는 이발봉사를 하게 했다. 시각장애인학교로 정기적으로 봉사를 나가던 어느 날 한번은 이런 일이 있었다.

'삑 떨렁 땔랭!'

갑자기 학교 전체에 벨이 크게 울렸다. 쉬는 시간이 되는 것을 알리는 차임벨이었다. 우리가 놀랐던 것은 벨이 울림과 동시에 맹인들이 일제히 움직이는 것이었다. 그들은 정해진 순서대로 자리를 정리하고 일어나서 늘 다니던 대로 지형지물을 더듬더듬 짚어가며 복도로 나갔다. 소리를 듣지 못하는 우리 농아들은 맹인들이 한꺼번에 갑자기 움직이자 어안이 벙벙해서 놀란 채 서로를 바라보았다. 그러면서도 보이지 않는 맹인들과 부딪히지 않도록 농아들이 몸을 비켜 주었다. 그때 우리는 이런 질문을 하게 되었다.

'우리마저 눈감고 있었다면 어떻게 되었을까?'

여기저기에서 부딪히고 넘어지는 사람들이 속출했을 것이다. 늘 가던 길로 다니는 맹인들은 돌발 상황 속에서 넘어지게 되면 얼마나 헤매겠는가! 만약 모두가 눈감은 맹인들이었다면 사람들이 뒤엉켜서 아마 교실을 빠져나오지 못했을 것이다.

'아, 눈 뜬 사람이 피할 수 있구나!'

우리가 어떤 대단한 능력이 있어서 다른 사람을 도울 수 있는 게 아니었다. 그저 눈 뜬 사람으로 부딪힐 위험 앞에서 비켜 주는 것, 귀가 안 들리지만 볼 수 있기에, 다른 사람들의 부족함을, 필요를 얼마든지 채워 줄 수 있음을 깨우친 귀중한 순간이었다.

우리는 농아교회 농아 성도들뿐 아니라 농아축구팀의 농아 선수들에게도 다른 형제들을 도울 수 있는 기회를 자꾸 만들어 주었다. 당시 축구단의 선수들은 교회에 다니지 않는 모슬렘 친구들이 대부분이었다. 우리는 그들 모두와 함께 형편이 어려운 농아 가정을 찾아가 남자들은 집을 고쳐 주거나 청소를 해 주었고, 여자들은 빨래를 해 주곤 했다. 당시 우즈베키스탄 농아 가정에는 세탁기가 없었다. 온수 시설은 물론 물조차 밖에서 길어 와야 했기에 빨래야말로 보통일이 아니었다. 그럼에도 불구하고 나보다도 더 고단하게 사는 이웃을 도우면서 농아들은 자신들에게 건강한 손발이 있음에 감사하기 시작했다.

우리는 농아들에게 삶의 새로운 도전을 주고 싶었다. 지독한 패배의 식에 빠져서 그렇고 그런 삶을 살고 있던 농아들에게 예수님 안에서, 능력 주시는 자 안에서 모든 것이 가능하다는, 가슴 뛰는 경험을 선물해 주고 싶었다.

아시안게임에 출전

        우즈베키스탄 농아협회 산하 체육부에 소속되어 일하게 된 우리는 농아축구팀을 프로 2부 리그에 출범시키면서 동시에 우즈베키스탄 국가대표 농아축구팀을 재편성해서 훈련해 나갔다. 바로 장애인 아시안게임에 출전하기 위해서였다. 그때 우리는 아시안 게임에서 좋은 성적을 거두어 올림픽 출전 티켓을 얻기를 간절히 소원했다.

    특별히 "기도 외에 다른 것으로는 이런 종류가 나갈 수 없느니라"(막 9:29) 하신 말씀과 "하나님이 그 성 중에 계시매 성이 흔들리지 아니할 것이라 새벽에 하나님이 도우시리로다"(시 46:5) 이 말씀을 붙잡고 농아들과 함께 새벽기도로 아시안게임을 준비했다.

    "비행기 값만 준비되면 아시안게임에 나가자. 물만 마시더라도 한번 출전해보자.”

나는 선수들에게 이렇게 말하며 독립군의 마음자세를 심어 주었다. 그러나 막상 우즈베키스탄 프로 2부 리그에서 매주 2회씩 리그전을 치르는 선수들을 보면 마음이 아팠다. 다른 팀 선수들은 밥만 먹고 축구하는 것이 선수들의 일인데 반해, 우리 농아팀은 낮에는 일하고 밤에 축구하는 힘든 생활을 하고 있었다. 그러다 보니 체력적으로 뒤떨어져서 전반전에는 잘 뛰지만 후반전에는 체력 때문에 게임이 풀리지 않곤 했다.

나는 우리 선수들이 한국에서 열흘 정도 합숙하며 잘 먹여서 체력도 보강하고 팀워크도 강화하는 훈련을 하고 싶었다. 놀라우신 하나님의 역사로, 우리는 한국을 거쳐 대만으로 가는 티켓과 대만에서 우즈벡으로 돌아가는 티켓을 마련할 수 있었다. 하지만 대만에 체류하는 동안 어떻게 살아야 할지 전혀 알지 못한 상태였다. 대만에 있는 한인교회와 대만 농아교회에 메일로 협조 요청을 해 놓았지만 우리가 대만으로 출정을 떠날 때에도 아무런 소식이 없었다. 우즈베키스탄 정부 역시 아시아 태평양 게임에 농아들이 출전하는 데 별다른 후원이나 지원을 해 주겠다는 소식이 없었다.

그런데 농아들과 함께 새벽기도를 하던 어느 날이었다. 2000년 10월 30일에 개막될 대만 농아 아시안게임이 코앞으로 다가온 10월 3일 개천절이었다. 그 어느 때보다 절박해진 마음으로 간절히 기도하는데 여호수아 말씀이 나에게 빛으로 다가왔다. 그날 영적인 출애굽이 나에게 있었다. 나는 그때 아시안게임 출전을 통해 모슬렘 땅에서 영적으로 눌려 살고 있는 장애인들의 출애굽이 분명히 있을 것임을 믿음의 눈으로 보게 된 것이다. 하나님께서 주신 말씀에 힘을 얻고 우리는 대만을 향한 여정을 시작할 수 있었다.

대만에서 개최되는 농아 아시안게임에 참가하기 위해 20명의 인원을 이끌고 우즈베키스탄을 떠날 때 우리에게 관심을 가져 준 사람은 많지 않았다. 그럼에도 불구하고 불기둥 구름기둥의 인도함을 받으며 하나하나 일이 진행되어 나갔다. 하나님께서는 그날그날의 필요한 양식을 너무나 신실하게 공급해 주셨다. 우리는 하나님의 은혜로 열흘 동안 한국에서 체력과 팀워크를 보강할 수 있었다. 그리고 마침내 결전지인 대만으로 향했다.

2000년 농아 아시안게임은 전체 21개국의 아시아 태평양의 나라들이 참가했고 축구는 16개국이 참가했다. 다른 나라 선수들은 호텔에서 머물며 경기를 준비했다. 반면, 우리는 대만에 도착해서 경기하는 내내 축구장 라커룸에서 지낼 수밖에 없었다. 끼니는 초콜릿과 컵라면으로 해결했다. 그럼에도 우리는 날마다 우리를 인도하시는 참으로 신실하신 하나님을 만날 수 있었다. 시합이 있는 날 새벽마다 운동장을 맨발로 걸으며 기도했다. 여리고성을 도는 것처럼 운동장 일곱 바퀴를 맨발로 돌면서 연습했다. 그때는 예수 믿는 농아 선수들이 별로 없었는데도 그렇게 했다. 사실 축구화를 아끼려는 이유도 있었다. 하지만 하나님께서 인도하시는, 광야생활의 그 신비는 결코 잊을 수 없는 행복이었다.

첫 게임에서 우리는 지난번 대회의 준 우승팀인 말레이시아를 7:1로 이겼다. 두 번째 게임에서도 강호 쿠웨이트와 겨루어서 6:1로 이겼다. 우리가 연이어 강팀들을 크게 이기자 대만 스포츠신문에서도 관심을 갖기 시작했다. 지난 대회 우승팀인 이란과 0:0으로 비기자 신문에 '흑마 우즈베키스탄'이라는 타이틀로 크게 기사화되었다.

그런데 예선전 경기 중에 선수들 몇 명이 부상을 입었다. 태클을 걸다가 심한 마찰로 허벅지에 외상을 입은 것이다. 급한 마음에 상처 부위에 약을 발라 주었는데 오히려 상황은 더 안 좋아졌다. 건조한 땅에서 살아온 우즈벡 선수들이 대만의 습한 날씨에 땀구멍들이 열린 데다, 약을 발랐던 환부에 횟가루가 섞인 운동장 잔디에 풀독이 올라 2도 화상을 입은 것이다. 우리는 너무나 당황스러웠다. 우리팀은 비행기 값을 조율하는 과정에서 15명밖에 참여하지 않았는데 그래서 후보 선수가 4명밖에 없는 상황이라 더 그랬다. 그렇게 부상자가 속출하는데도 신기할 정도로 우리는 경기마다 값진 승리를 맛보았다. 예선전 마지막 게임인 네팔과의 경기에서는 28:0이라는 대회 신기록을 세우는 이적을 하나님께서는 허락해 주셨다.

분위기가 좋았다. 예상 외로 우리 선수들이 너무 잘 싸워 주었다. 첫 대회 출전에 4강까지 오르는 기염을 토했다. 이렇게 가다가는 우승도 거머쥐겠다 싶었다. 우리는 모두 흥분된 상태였다. 정말 꿈만 같았다. 우리 팀은 하나님의 약속대로 승리할 수 있다는 기대감에 가득 차 있었다.

그런데 어이없는 일이 벌어졌다. 준결승전인 4강전에서 같은 모슬렘 국가인 사우디아라비아와 시합을 했는데 우리가 4:1로 패배한 것이다. 김이 쭉 빠졌다. 그리고 이상했다. 실력으로 볼 때 도무지 질 수 없는 게임이었다. 그때까지 하나님께서는 우리를 계속 이기게 해 주셨다. 엉뚱한 데 맞고도 골이 들어갈 정도로 승세가 이어졌는데 사우디아라비아와의 경기에서 진 것이 이해되지 않았다. 분명 우리는 하나님의 약속대로 승리할 수 있었다.

'그런데 왜 그랬을까? 왜 패배했을까?'

기도하는 중에 하나님께서 이런 마음을 주셨다.

'너희 중에 죄 지은 사람이 있다!'

하나님께서는 우리 선수들 가운데 〈여호수아서〉 7장에 나오는 '아간의 죄'가 있음을 깨닫게 해 주셨다. 나는 하나님께서 깨닫게 해 주신 것을 선수들과 나누었다. 그러자 놀랍게도 한 선수가 눈물로 자신의 잘못을 자백하는 게 아닌가! 그가 일본팀의 축구공을 훔쳤던 것이다. 일본 선수들이 우리가 숙소로 머물던 운동장에서 연습 경기를 할 때, 일본팀의 축구공을 몰래 한쪽에다 숨겨 놓았다고 한다. 결국 일본 선수들은 공을 찾다가 포기하고 그냥 돌아가고 말았다.

사실 공을 훔친 선수가 고백하지만 않았어도 아무도 그런 일이 있었는지를 알 수 없는 상황이었다. 그런데 하나님께서는 그를 회개시키셨던 것이다. 그것을 지켜본 다른 농아들은 많이 놀란 눈치였다.

'아, 하나님은 정말 살아 계신 분이구나.'

우리는 그 선수를 용서하기로 하고 선수 모두를 격려했다. 그리고 하나님의 도우심을 구했다. 회개 후에 찾아오는 주님의 평안함으로 3, 4위 준결승전에 임했다. 결국 우리는 처음 참가한 아시안게임에서 당당히 동메달을 목에 걸었고 올림픽 출전권도 얻게 되었다.

이때 우리 농아축구단은 출애굽을 경험했다. 살아 역사하시는 하나님을 만나게 되었고, 하나님이 어떤 분이신지를 알게 되었다. 우리가 그분이 원하시는 삶의 양식, 죄를 버리고 용서하고 사랑하는 삶을 살아야 함을 배운 소중한 시간이었다.

이 일로 인해 무슬림 선수들이 한 사람, 한 사람 하나님을 알고 농아교회에 나오게 되었다. 다른 종교로 개종할 경우 받게 되는 사회적 처벌을 감수하면서까지 그들이 예수님을 믿게 되는 것은 왜일까?

내가 소록도에서 입은 그 은혜의 강물이 우즈베키스탄의 농아축구단으로 흐르고 흘러 사랑받는 자에서 사랑을 주는 자로 우리 농아들은 변화되어 가고 있었다.

십자가 없는 헌당식

　　아무도 눈여겨보지 않던 우리 우즈벡 농아들이 국제 대회에 출전해서 동메달을 획득하여 금의환향하니 공항에서부터 환영 인파가 우리를 기다리고 있었다. 대회에 참가하기 위해 떠날 때와는 확연히 다른 모습이었다. 각 TV채널과 신문사들이 앞다투어 취재를 나와 있었고 정부 관리들인 체육부와 농아복지협회의 임직원들도 아름다운 꽃다발을 건네며 진심으로 축하해주었다.

　　그러나 이러한 영광을 만들어 주신 주인공은 하나님이셨다. 진정 하나님께서 하신 일이었다. 하나님은 보너스로 우즈베키스탄 농아축구팀 개인들에게도 자존감이 회복될 뿐만이 아니라 현실적으로 국가의 도움을 받을 수 있도록 허락해 주셨다.

　　아시안게임 동메달의 몫으로 연금이 주어졌고 체육부에서 발급해 주는 증명서로 인해 취직할 때에 농아학교나 여러 기관과 단체에서 축구를 가르치는 코치가 될 수도 있었던 것이다. 농아들에게 일자리 창출이 되었던 것에 모두가 행복해했다.

우리가 우즈베키스탄에서 열심히 땀을 흘리고 있을 때에 주님은 한국에서도 일하고 계셨다. 전라북도 진안의 설천교회(박기정 목사)에서 농아교회를 건축해 달라고 종잣돈을 보내 주셨다. 우리가 전혀 알지 못하는 교회였다. 그 교회는 갈 곳 없는 노인들과 아이들을 거두어 돌보는 아주 가난한 교회였다. 그런 작은 시골 교회에서 헌금을 모아서 우리에게 보내 주면서 농아들이 예배드릴 수 있는 교회를 지어 달라고 부탁하셨다. 안 그래도 도저히 장소를 넓히지 않으면 안 되는 상황이 되었던 터였다. 그 귀한 헌금이 종잣돈이 되어서 우리가 살던 낡은 집의 마당에 농아들을 위한 교회를 짓기 시작했다.

2000년 겨울부터 시작된 공사는 2001년 봄을 지나 초여름까지도 계속되었다. 얼마나 낡은 집이었는지 쓰레기가 어마어마하게 나왔다. 치우고 치워도 계속 쓰레기가 나오던 정말 낡은 집이었다. 그런 공사를 우리 농아교회 식구들과 함께 해나갔다.

우리 집에는 공사하는 인부들이 드나들고 신학교에 다니는 농아들이 공부하러 왔으며 수요모임을 하러 오는 농아들, 그저 놀러오는 농아들, 나를 만나러 오는 농아들로 정말 사람들이 끊일 새가 없었다. 그런 사람들을 위해서 아내와 교회 식구들은 식사 때마다 음식 장만을 해야 했고 간식도 내야 했다. 또 농아들 성경 공부도 인도해야 했으니 아내는 밤마다 피곤에 지쳐서 털썩 쓰러지기 일쑤였다. 아마 모두에게 참 수고스러운 시간이었을 것이다.

여러 가지 산고를 겪으며 우여곡절 끝에 건물 공사가 끝났다. 화창한 봄날, 우즈벡 농아교회의 할아버지, 할머니들이 직접 만든 예배당 나무 의자들 하나하나를 함께 사포질하고 페인트칠하며 우리의 작은 손길들을 모아 하나님께 교회를 헌당하는 감격적인 순간이 다가오고 있었다.

나는 한국에 계시는 나의 선생님들에게 편지를 보냈다.

'십자가를 걸 수는 없지만 그래도 교회 모습을 갖춰 헌당예배를 드립니다.'

봄이 올 것 같지 않던 동토의 땅에도 어김없이 봄은 왔다. 계절의 봄뿐 아니라 복음의 봄이 하루속히 오기를 고대하는 마음으로 우리는 숨죽여 헌당예배를 했다. 당시 우리는 정부의 주시를 받고 있었다. 잘못하다가는 선교사라는 우리의 신분이 탄로 날 수도 있었고 우즈벡인들이 함께 예배드리는 것이 발각될 수도 있었기에 극도로 조심해야 했다. 참여하는 성도들마저 숫자를 분산해서 모였던 십자가 없는 농아교회 헌당예배는 하나님의 보호하심 아래 무사히 드릴 수 있었다.

그때 한국에서도 몇 분의 손님들이 와 주셨는데 그중에는 내가 전주교도소 경비교도대에서 군복무를 할 때 나에게 세례를 베풀어 주셨던 이의정 목사님도 계셨다. 당시 목사님은 대장암 수술을 몇 차례 하신

후여서 굉장히 몸이 좋지 않은 상태였음에도 우리 농아교회를 축복해 주시기 위해 먼 길을 와 주신 것이라 더욱 감격스러웠다. 그날 이의정 목사님은 우즈베키스탄 농아교회의 헌당예배에서 축사도 해 주셨고 우리 농아교회 교인들에게 세례도 베풀어 주셨다.

'아 숨차이오.'

내가 좋아하는 고려인들의 말이다.

'아, 숨이 막힐 정도로 감사드립니다.'

그저 말씀에 붙들려 성령의 인도하심에 따라 온 곳, 우즈베키스탄.

'하나님께서 내게 주신 내 땅'이라고 여기며 온몸을 불태워 농아들을 사랑했던 우즈베키스탄 땅에서 주의 몸 된 교회를 올려드릴 때 나의 감격이란 이루 말할 수 없었다.

'주님이 하셨습니다. 주님이 하십니다. 주님이 하실 것입니다.'

나의 마음을 그보다 더 표현할 수 있을까? 우리는 진심으로 하나님께 감사드렸다.

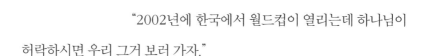

추방 그리고…

"2002년에 한국에서 월드컵이 열리는데 하나님이 허락하시면 우리 그거 보러 가자."

나는 이렇게 말하며 농아들에게 꿈이 현실로 찾아오는 소망을 심어 주었다. 그 사이 우리와 농아교회를 향한 감시는 더욱 강화되었다. 우리는 더욱 주시를 받고 있었다. 아무리 조심한다고 해도 그 많은 사람이 드나드는데 발각되지 않는 것이 신기할 정도였다. 그러다 결국 어느 날 경찰들이 우리 집에 들이닥쳤다. 나를 잡으러 온 것이었다.

웃기는 말로 중앙아시아 문화가 커튼문화라고 한다. 중앙아시아는 대부분 집집마다 커튼이 잘 처져 있다. 그래서 밖에서 누가 지나다니면 잘 처진 그 커튼 뒤에서 살짝 커튼을 열어서 '누가 몇 시에 누구랑 어떻게 지나가는지' 종이에 메모를 해 놓는다. 통제가 엄격했던 공산당 시절의 영향이 여전히 남아 있어서인지 모르지만 집집마다 숨죽인 채 밖을 내다보는 시선들이 있었다. 처음에는 그런 사실을 전혀 인지하지 못했다. 사람들이 조심하라고 해도 얘기로 들었을 때는 잘 실감이 나지 않았는데 막상 내가 경찰서에 잡혀 가 보니 입이 떡 벌어졌다.

나를 취조하던 경찰관 앞에 산더미 같은 종이들이 쌓여 있었는데 그것들이 모두 우리를 주시하고 있던 이웃들이 메모해 놓은 것이었다. 특히 시간이 많은 할머니들이 창가에 앉아서 소일을 하다가 틈틈이 밖을 내다보고 눈으로 본 내용들을 열심히 기록해 놓았던 것이다. 밖으로 드러난 모든 활동 하나하나, 우리의 일거수일투족이 이미 경찰서에 보고되어 있었다는 사실에 나는 경악했다. 정말 그 정도로 많을 줄은 몰랐던 것이다.

우리의 교회 사역이 드러난 결정적인 증거는 공교롭게도 그해 5월에 방영된 KBS 1TV 〈한민족 리포트〉였다. 방송에서 우리가 예배드리는 장면 같은 것은 없었다. 하지만 '우즈벡 한인 목사와 농아축구단'이라는 제목 때문에 내가 목사라는 사실이 명백하게 드러나게 된 것이다.

결국, 우리에게 추방 명령이 떨어졌다. 기분이 묘했다. 한국을 떠나와 우즈베키스탄에 정착하느라 몸부림을 쳤던 시간이 지나고 이제는 교회도 세워졌으니 더 재미나게 사역하면 되겠다 싶었는데 이렇게 추방을 당하는 것이 처음에는 정말 믿기지 않았다. 하지만 우리는 추방되었다.

막상 편도 티켓을 가지고 비행기에 오르니 마음이 너무나 무거웠다.

우리의 걱정은 항상 농아교회 성도들이었다. 농아들이 전도한 사실들이 경찰 조사로 속속 밝혀지면서 벌금을 무는 등 예수님을 믿는 것으로 인해 실질적인 어려움을 겪고 있었다.

이 시기 특히 시련을 많이 겪었던 사람은 무롯 존 전도사였다. 무롯 존은 우리가 공부를 시킨 신학생 다섯 명 중 하나였다. 타슈켄트에 있는 침례 신학교에서 공부를 마치고 전도사가 되기 전부터 우리 농아교회에서 사역을 해왔던 무롯 존을 우리가 떠난 후 교회를 이끌 총 책임자로 세웠다. 무롯 존은 어디에 가든 계속 자신의 신앙을 간증했고 그로 인해 전도가 이루어졌다. 무롯 존은 그렇게 구치소에 앉아 있어도 보고 감옥에도 가는 시련을 겪으면서도 놀랍게도 자신의 신앙에 대해서는 전혀 흔들림이 없었다.

무롯 존은 내가 처음 추방을 당하던 2001년 가을부터 지금까지 농아교회를 이끌어 오고 있다. 나는 추방 명령을 받자마자 농아교회의 직제를 재편했다. 당시 우리 농아교회에는 신학교를 졸업한 사역자가 다섯 명이 있었다. 어려운 상황에서도 굴하지 않고 묵묵히 하나님의 교회를 지켜 온 동역자들에게 하나님의 거룩한 유언을 남기고 우즈베키스탄을 떠나야만 했다. 태초부터 감추어져 있었던 하나님 나라의 비밀. 우주의 비밀인 창조주 하나님. 하나님의 비밀인 그리스도. 그리스도의 비밀인 교회. 교회의 비밀인 사람. 이러한 비밀을 나눌 수 있는 동역자들을 주신 하나님께 감사하며 하나님의 웃음에 함께 웃어 본다.

살구나무 아래

　　주님의 은혜로 다시 우즈베키스탄에 들어갈 수 있었다. 우리가 다시 돌아왔다는 소식에 모든 농아가 어찌할 바 몰랐다. 그러는 와중에 비자 갱신을 받을 때가 되었다. 그래서 여권을 외무부 산하 부서인 오비르에 맡기고 비자를 신청했다. 그런데 나올 때가 되어도 비자가 나오지 않았다. 불안한 예감이 엄습했다.

　'설마 또 추방?'

　　그런데 이상했다. 아무런 얘기도 없이 비자가 나오지 않았다. 하루, 이틀, 사흘 그리고 일주일, 2주일…. 우리가 해당 기관에 문의를 해도 별다른 답이 없었다. 아무런 연락도 없이 비자가 나오지 않아서 관공서에 알아보러 가면 그들은 늘 이렇게 말했다.

　"당신들한테는 비자 안 된다. 비자 안 준다. 당신들은 나가야 된다."

상당히 애매한 대답이었다. 쫓아내겠다는 결정은 난 것 같으나 완전히 추방 명령이 떨어진 것은 또 아니었다. 뭔가 시간을 질질 끄는 듯한 모습이었던 것이다. 그러면서 수시로 기관들이 나를 부르고 또 불렀다. 예전에는 커튼 뒤 이웃의 눈들이 감시자였다면 이제는 공공연하게 감시하는 이들이 우리를 미행했다. 모르는 사람들이 우리 집 앞을 지키고 서 있었고 때론 집 근처 차 안에서 우리 집을 주시하고 있었다. 당시 우리는 여권이 없었으므로 집 밖으로 나갈 수 없었고, 외부 활동을 해서도 안 되었다. 자칫 여권 없이 다니다 큰 함정에 빠질 수도 있는 상황이었으므로 우리는 극도로 조심해야 했다.

사실, 이때 문제시되었던 부분은 농아축구팀이 해외에 나갈 때 선수단 모두를 교회로 인도했다는 것이다. 우즈베키스탄 농아축구팀은 국가적인 재정적 뒷받침을 받지 못하고 우리의 개인 재정으로 운영되었다. 그런데 사실 우리의 재정이라는 것이 얼마나 되겠는가? 늘 우리를 위해서 기도해 주는 후원자들의 후원 없이는 절대로 축구단 운영은 불가능하다. 그 많은 식구를 인솔해서 해외 원정훈련이나 국제 대회에 나가면 늘 식사 한 끼, 하룻밤 잠자리 문제가 우리에겐 얼마나 시급하고 절박한지 모른다. 그래서 우리는 국제 대회를 나갈 때마다 우리를 먹이고 입히고 재워 주신 교회에 가서 인사했다. 우리를 시기했던 이들은 이것을 문제 삼았다.

"우리는 원하지도 않았는데 교회에 가게 했고 교회에서 노래 부르게 했습니다."

물론 예수님을 믿지 않은 선수들도 많았으므로 거부 반응도 있었다.

"이번에는 가고 싶은 사람만 가자."

"아니다. 우리는 팀이니까 다 같이 움직이는 게 좋겠다."

한 번씩 그러다가도 결국 단체로 교회에 가게 된 것인데 그들은 그 부분을 걸고 넘어졌다. 우리를 압박해 들어오는 수위가 점차 높아졌다. 모이는 것도 더욱 힘들어졌다. 오죽했으면 함께 교제 나누던 선교사님들조차 우리를 만나길 꺼려했다. 자칫 불똥이 그들에게 튈 수 있기 때문이다.

하나님의 사역들이 보호되어야 했으므로 우리는 철저하게 고립된 상태로 있어야 했다. 어느 날인가는 갈급한 마음에 농아들이 예배드리는 곳에 가 본 적이 있다. 갈 때도 마음 졸이고 가서도 마음이 졸여서 잠시도 있을 수 없었다. 우리로 인해서 이들이 위태로워질 수도 있는 노릇이었던 것이다. 살짝 들여다보고 서로 반가워하는 눈빛만 확인하고는 금세 나와야 했다. 또 가슴 졸이며 집으로 돌아와서는 우리끼리 하나님 앞에 엎드려 기도하며 북받쳐 오르는 울음을 쏟아내곤 했다. 어떻게 보면 손발이 꽁꽁 묶여 암흑 같은 감옥에 갇힌 것처럼 살았던 그때 나는 이렇게 되새겨보곤 했다.

"지금은 이래야 할 시간…. 우리가 겪는 형편과 문제들을 진정 문제로 보지 아니하고 감사로 보는 것. 지금은 이래야 할 시간…."

나는 이렇게 되뇌며 모든 것을 합력하여 선을 이루실 아버지의 손길을 기대했다. '삶은 풀어야 할 문제가 아니라 느껴야 할 신비'임을 기억했다. 하나님께서 일하실 것을 기대하며 지금 이 상황에서 최선을 다하는 것이다.

비자 없이 지낸 지가 40일째 되던 그 무렵, 오비르에서 곧 나가게 될 것이라는 통보가 왔다. 정부의 분명한 의사를 통보받았던 그 순간 가슴이 멍했다. 그때 우리는 주님이 어떻게 인도하실까 조급하고 답답한 마음도 있지만, 〈시편〉을 읽으며 우리의 심정을 그대로 적은 듯한 다윗의 시에 공감하며 "아멘" 했다.

"주께서 이를 행하셨으므로 내가 영원히 주께 감사하고 주의 이름이 선함으로 주의 성도 앞에서 내가 주의 이름을 의지하리이다"(시 52:9)

비자 문제는 소리 없이 장막 뒤에서 작업 중이었고 밖에서 기다리는 사람은 소리 없이 침묵으로 가슴 태우며 기다리고 있었다. 비자 문제가 하나님의 도우심 가운데 원만히 잘 해결되기를 간절히 바라며 숨죽여 기다리는 동시에, 우리는 언제라도 추방 명령이 떨어지면 떠날 수 있도록 우즈베키스탄의 생활을 차근차근 정리하기 시작했다.

우리는 그 시기, 복음을 듣고 회심했으나 아직 세례를 받지 못한 이들에게 세례를 베풀었다. 그때 기억에 남는 농아 친구가 있다. 구소련 시절 농아로서는 최고의 축구선수였던 세르게이 체르까스였다. 그는 부상을 당해서 하반신 마비로 누워만 있어야 했다. 결혼한 아내가 있었지만 그가 부상을 당하자 떠났고, 늙으신 홀어머니만이 아들을 수발하며 동네시장에서 해바라기 씨를 팔아서 어렵게 살림을 꾸려가고 있었다. 축구장에서 그렇게 날고뛰던 그가 막상 부상을 당하니 2년 동안 누구 하나 찾아와 주지 않았다. 처음 만났을 때 그는 수화마저 잊어버린 상태였다.

우리는 그를 칠흑같이 어두운 그의 집에서 휠체어에 몸을 실어 밖으로 데리고 나왔다. 축구장에 가서 옛 동료들이, 후배들이 뛰는 모습을 같이 지켜봤고 소식이 끊어진 친구들과도 다시 만나게 해 주었다. 아파트 5층에 살던 그를 농아들이 모여 사는 까라까무쉬 동네 1층으로 이사를 시킨 후 상체를 훈련시켜 휠체어를 타고 혼자서 밖으로 나올 수 있도록 했다. 우리는 매 주일 그의 집을 찾아가 심방하며 복음을 전했는데 그가 예수님을 영접한 후에는 수요예배에 참석할 수 있도록 돕곤 했다.

우리는 떠나기 전, 그를 찾아갔다.

"체르까스, 우리 언제 떠날지 몰라. 알지?"

체르까스의 얼굴이 찌푸러지며 금세 눈시울이 붉어졌다.

"목사님…!"

우리는 떠나기 전 그에게 세례를 베풀고자 그의 집에 찾아갔었다.

"체르까스, 예수님을 믿고 구원받는 것은 전적인 하나님의 은혜로 되

190

는 거야. 우리가 믿고 싶다고 믿고, 믿기 싫다고 믿지 않을 수 있는 게 아니지. 하지만 세례받는 것은 체르까스가 선택하는 것이야. 내가 설교 시간에 말했던 것 기억나?"

체르까스가 고개를 끄덕였다.

"세례받는다는 것은 죽는 거야. 나는 죽고 예수로만 산다는 그 고백이거든. 혼자서도 그런 고백을 할 수 있겠지만 대중 앞에서 한다는 것은 사람들에게도 알리는 거야. 나의 신앙을…. 나는 그리스도인입니다. 이렇게, 알았지?"

체르까스가 진지한 눈빛으로 입술을 결연하게 다물었다. 우리는 그날 체르까스에게 세례를 베풀었다. 세례식이 끝나고 체르까스와 포옹을 하는데 그 큰 어른의 얼굴에서 어린아이 같이 눈물방울이 뚝뚝 떨어졌다. 우리도 참았던 눈물을 보이며 그와 함께 울었다.

나는 중학교 2학년 때 보았던 홍콩영화가 떠올랐다. 당시 나의 처지가, 시한부 인생을 통보받은 스잔나를 연상시켰기 때문이다. 우즈베키스탄에서의 나의 시간에 끝이 다가옴을 느꼈다. 그 어느 때보다 하루하루가 소중하던 시간이었다.

나는 우즈베키스탄에서 추방을 당하는 시간 동안, 나의 죽음과 장례식에 대하여 조금 더 구체적으로 생각해 봤다. 장례식은 죽은 자가 살아 있는 자들에게 남기는 강력한 사랑의 메시지가 담긴 선물이라고 생각한다. 그래서 그 시기에 나는 가족과 교회 앞에서 이렇게 말하곤 했다.

"내가 죽으면 나의 시신을 우즈베키스탄 농아교회 마당에 있는 살구나무에 묻어 주라."

농아교회 마당에는 살구나무가 있다. 농아들은 교회에 와서 놀다가 배가 고프면 살구나무에 열린 살구를 따먹곤 했다. 그런데 그 살구나무는 어느 때에는 많이 열리고 어느 때에는 조금 열렸다. 언젠가 살구나무에 살구가 조금밖에 열리지 않던 때에 배고픈 농아들이 몇 개 안 되는 살구들을 가지고 서로 더 먹겠다고 싸웠다. 그 모습을 보니 얼마나 속이 상하던지…. 그때 나는 내가 거름이 되어 농아들에게 살구를 많이 먹이고 싶다는 생각을 했다.

'내 시신이 살구나무에 좋은 거름이 되어 농아들의 허기진 배를 채웠으면….'

하나님의 사랑은 이렇게 흐르고 흘러 우리를 진정 살려 주고 윤택하게 살아가도록 해 주는 것이다.

추방 명령은 내려졌으나 추방 집행을 하러 사람들이 오지 않았다. 우리는 죽음을 준비하는 사람들처럼 마무리할 일들을 해나갔다. 비자 없이 무려 석 달이라는 시간이 넘어가고 있었다. 그러다 2003년 가을에서 겨울로 넘어가는 어느 날 정식 통보가 왔다. 강제 추방 집행이 이루어진다는 것이다. 무려 100일 만이었다. 하나님께서는 내가 농아들에게 마지막 설교를 할 수 있는 기회를 허락해 주셨다. 우리는 말씀과 함께 울고 웃었다.

그리고 마침내 우리의 추방을 집행할 직원들이 찾아왔다. 우리는 그들과 공항으로 향했다. 농아들이 우리의 가방들을 들고 따라왔다. 우리는 공항에서도 농아들과 한참을 부둥켜안고 울었다. 사랑하는 농아들을 남겨 놓고 홀로 눈물 그 자체가 되어 한 번도 아니고 두 번씩이나 추방이라는 계급장을 달고 출국장을 빠져나갔다.

마라의 쓴 물

2003년 12월이었다. 우즈베키스탄에서 아내는 내가 없는 시간 동안 감사하는 마음으로 애써 태연한 척하며 내가 하던 사역들을 이어받아 추방당한 남편의 빈자리를 채워 가며 기도회를 하고 말씀 증거도 하고 놓아 자매들에게는 따로 말씀을 가르쳤으며 수련회도 인도하며 씩씩하게 생활하려고 노력했다. 하지만 여전히 정보기관에서는 내가 없는데도 아내와 아이들을 주시하고 감시하던 상황이었다. 아무래도 교회와 사택으로 사용하던 집은 위험할 것 같았다. 그래서 갑자기 이사를 결정했다. 아내는 밤에 밖에서 개 짖는 소리만 들려도 문에 귀를 댔다.

'왜 개가 짖지? 누가 왔나? 누가 왔을까?'

아내는 예민해져서 말했다.

"얘들아, 조용히 해!"

아이들을 향해 '쉿!' 하며 모두가 숨을 죽였다.

'탕! 탕! 탕!'

밖에서 누군가 문을 두드리기라도 하면 집안에 아무도 없는 것처럼 구석에서 아이들과 웅크린 채 인기척도 내지 않았다. 아내는 물론 아이들도 심리적으로 극도로 예민해져 있었다. 그래서 아내는 그동안 자신의 슬픔이 아이들에게 흘러가지 않도록 일부러 밝은 모습을 보이려고 했었다.

"괜찮아. 아빠는 안 계시지만 우린 잘 할 수 있어. 우리 기도하자."

아내는 아이들과 가정예배를 드리며 용기를 내곤 했다. 그러던 어느 날이었다. 유독 추웠던 우즈베키스탄의 겨울. 사람의 온기가 없는 집인데 보일러마저 고장이 났는지 작동이 되지 않았다. 아무래도 여자인지라 기계를 만질 줄 모르니 난방도 안 되는 상태에서 추운 겨울밤을 보내야 했던 것이다. 옷을 아무리 껴입어도, 이불을 아무리 많이 덮어도 그때는 정말 춥기만 했다. 벌벌 떨던 하늘이가 말했다.

"아빠가 있었으면 좋았을 텐데…."

아이들과 함께 벌벌 떨고 있던 아내의 마음속에 억울함이 북받쳐 올랐다. 아내는 아이들을 부둥켜안고 하나님께 절규했다.

"하나님, 하나님 말씀에 순종해서 우즈베키스탄 땅에 왔는데 왜 이렇게 힘이 들지요? 하나님, 왜 남편은 2번씩이나 추방을 당해야 해요? 하나님 일을 하고자 하는데 왜 허락하지 않는 것이죠?"

아내는 하나님께 자신의 억울함을 쏟아냈다. 기도도 되지 않을 만큼 마음이 추웠던 그해 겨울에 아내는 책을 읽었다. 이재철 목사님의《참으로 신실하게》와 같은 신앙 서적들을 읽었고 마음이 가난해서였는지 예배 시간에 주시는 하나님 말씀은 더욱 절절하게 와 닿았다. 하나님께서는 아내에게 그렇게 말씀과 주의 종들의 책을 통해서 새로운 힘을 주시어 매일매일의 사역들을 감당할 수 있게 하셨다. 그리고 아내는 농아들과 함께 21일간의 특별 새벽기도를 하며 하나님께 매달렸다.

한국에 있던 나 역시 괴로운 시절을 보내고 있었다. 두 번이나 반복되는 추방을 겪으며 나는 영적인 암흑기 속에 있었던 것이다. 바다 한가운데에 떠 있는 고장 난 돛단배같이 앞으로 나갈 힘도 없었을 뿐더러 무엇보다 농아선교에 대한 목표 설정도 사라져 버린 듯했다. 나는 하나님께 반항했다. 하나님께서 나를 일방적으로 예수님을 믿게 해 놓고는 사람들에게 수치를 당하게 하신 것만 같았다. 하나님께 완전히 속은 기분까지 들었다.

'이제 선교 그만 하고 싶다'는 인간적인 실망감마저 들었다. 이때 내 안에는 예레미야 선지자와 같은 불평불만이 가득했다.

"여호와여 주께서 나를 권유하시므로 내가 그 권유를 받았사오며 주께서 나보다 강하사 이기셨으므로 내가 조롱거리가 되니 사람마다 종일토록 나를 조롱하나이다 내가 말할 때마다 외치며 파멸과 멸망을 선포하므로 여호와의 말씀으로 말

미암아 내가 종일토록 치욕과 모욕 거리가 됨이니이다 내가 다시는 여호와를 선
포하지 아니하며 그의 이름으로 말하지 아니하리라 하면 나의 마음이 불붙는 것
같아서 골수에 사무치니 답답하여 견딜 수 없나이다 나는 무리의 비방과 사방이
두려워함을 들었나이다 그들이 이르기를 고소하라 우리도 고소하리라 하오며
내 친한 벗도 다 내가 실족하기를 기다리며 그가 혹시 유혹을 받게 되면 우리가
그를 이기어 우리 원수를 갚자 하나이다"(렘 20:7~10)

하나님의 대언자 역할을 더 이상 계속하지 않겠다던 선지자 예레미
야처럼 나도 더 이상 선교사 안 하고 싶다고 버틴 것이다. 그랬더니 몸
에 이상 신호가 오기 시작했다.

숨이 점점 가빠지고 힘을 쓰지 않으면 숨쉬기가 어려웠다. 호흡곤란
증세였다. 축구 감독까지 했으니 건강만은 자신하고 있었는데, 숨을 쉴
수가 없으니 견디기가 너무 힘들었다. 특히 새벽 2, 3시만 되면 더 심해
졌다. 약을 먹고 병원에 가도 이 증상은 한두 달 계속되었다. 아무리 생
각해도 하나님 말고는 내 몸을 이렇게 만드실 수 없었다. 그것은 나를
선교로 다시 부르신 하나님의 사인이었다.

"다시 선교하겠습니다! 사람 바라보지 않고 하나님만 바라보겠습니
다. 가라 하면 가고 멈추라 하면 멈추겠습니다. 한 번만 살려 주세요. 제
발 숨 좀 쉴 수 있게 해 주세요!"

나는 며칠 동안 울며불며 회개했다. 그때 이후로 증세는 놀랍게 회복
되기 시작했다. 나는 결국 다시 하나님 앞에 겸손하게 머리를 숙였다.

'하나님, 제가 잘못했습니다. 저를 사용해 주세요. 하나님의 동업자로!'

우즈베키스탄에서 추방을 당한 이후에 상당히 어려운 시간들을 보내고 있었던 이 시기, 나는 처음으로 예언기도를 받은 적이 있다. 진 다니엘(YM)이라는 할머니의 예언은 이랬다.

"〈출애굽기〉 15장의 '마라의 쓴 물'이 환상 가운데 보입니다. 앞으로 닫힌 문이 열릴 터인데 그곳에서 당신들을 통해 지역사회가 개발될 것이고 특별히 예수님의 공생애 사역이 그대로 나타납니다. 포로 된 자에게 자유를, 눈먼 자에게 다시 보게 함을, 눌린 자를 자유케 하고 병든 자가 치료받는, 이러한 사역이 당신들을 통해 일어날 것입니다."

이미 우즈베키스탄 농아사회에 소리 없는 예수님의 사역이 이루어지고 있는데 앞으로도 그 일이 계속되리라는 축복의 기도는 나에게 힘을 주기에 충분했다. 이 예언이 어제도 오늘도 그리고 내일도 이루어지고 성취되길 기도했다. 하나님께서는 그렇게 내가 다시 일할 수 있도록 나를 위로하셨고 나에게 새 힘을 불어넣어 주셨다.

　　우즈베키스탄 수도 타슈켄트에서 불과 30분 거리
에 우즈베키스탄과 카자흐스탄의 국경이 있다. 지금은 국경이 세워지
고 엄격하게 관리되고 있지만 구소련 시절에는 같은 연방국에 속했기
때문에 우즈벡과 카작 사이에 옆 동네처럼 왕래가 굉장히 빈번했다. 이
웃마을 드나들듯이 카작 사람들이 우즈벡으로 시장을 보러 다녔다. 카
자흐스탄 국경에 사라가치라는 마을이 있다. 놀라운 것은 그 사라가치
에 한국 선교사님이 정식으로 등록해서 세운 장로교회가 있었다. 그 작
은 시골 마을까지 교회가, 그것도 한국인이 세운 교회가 있다는 것이
마치 가뭄의 단비처럼 반가웠고, 이렇게 한국 사람을 사용하시는 하나
님께 감사했다.

　　2004년 8월, 카자흐스탄으로 이사할 시간이 되었다. 우리의 새로운

사역지는 카자흐스탄의 옛 수도, 알마티였다. 농아들은 아내가 이삿짐 싸는 걸 도와주면서 귀띔했다.

"카자흐스탄에 가면 다 비싸대요. 하나부터 열까지 다 돈 주고 사야 되고 물건들도 비싸니까 남기지 말고 우즈베키스탄에서 다 가져가세요."

새 땅에서 정착할 일을 앞두고 이삿짐을 싸는 아내뿐 아니라 친구들을 뒤로하고 떠나야만 하는 하늘이 영광이의 마음도 슬픔으로 엄습해 왔다. 나무가 땅 속 깊이 뿌리를 내리듯이 우즈베키스탄에 마음의 뿌리를 단단히 내리고 살았는데 그 뿌리가 통째로, 강권적으로 뽑혀져서 다른 데로, 낯선 땅으로 옮겨 심어지는 그런 고통스러움이 있었다.

처음에 한국에서 우즈벡으로 갈 때는 우리는 조그마한 씨앗이었다. 작은 씨앗을 가져다가 심는 것이었으므로 옮기기가 쉬웠다. 하지만 우즈베키스탄에서 카자흐스탄으로의 이동은, 그 씨앗이 작은 나무로 잘 성장해 있었는데 그 나무를 뿌리째 뽑아서 옮겨 심는 것이었으므로 이전보다 몇 배는 더 힘들었다.

우즈베키스탄에서 7년 동안 살면서 늘어난 살림들을 싣고 아내와 아이들은 국경을 넘었다. 농아들이 그 길을 함께해 주었다. 농아들은 그 먼 길을 달려서 카자흐스탄의 알마티에 도착해서는 이삿짐들을 내려 주고 풀어 주었다. 분리했던 물건들을 다시 조립해 주는 등 우리를 도와 살림살이를 정리해 주었다. 어느 누가 이런 사랑을 받을 수 있을까. 우리는 농아들의 그 사랑에 너무나 감사했다. 그러면서도 나무가 뿌리째 뽑혀 옮겨지는 것 같은 아픔이, 삶을 함께 나누었던 소중한 친구와 헤어지는 가슴 시림이 우리에게 있었다. 하지만 그것 역시 인생의 농부이신 하나님께서 우리에게 봄을 주시기 위하여 허락하신 겨울이 아니겠는가.

우리는 우즈베키스탄에서 겪은 일이 있기 때문에 카자흐스탄에 도착해서도 굉장히 긴장해 있었다. 카자흐스탄도 뿌리 깊은 이슬람국가 였기에 혹시나 우리의 신분이 드러날까 경계하고 조심했다.

카자흐스탄은 원래 뿌리 깊은 이슬람 민족임에도 불구하고 카자흐 스탄 민족의 비율이 낮기 때문에 종교 정책에 있어서도 카자흐스탄은 좀 더 유연했다. 국교인 이슬람만을 강요하지 않았던 것이다. 법적인 근거만 있으면 그 테두리 안에서 굉장히 자유롭게 종교 활동을 할 수 있는 나라였다.

우리는 합법적인 테두리 안에서 농아교회 사역을 해나가기 위해 교회를 등록했다. 우리가 카자흐스탄에 도착했을 때만 해도 교회 등록 절차가 까다롭지 않았기에 그것이 가능했다. 때마침 우즈베키스탄 농아 교회의 마나스와 나타샤 부부가 우리를 좇아 카자흐스탄으로 이동을 해서 함께 살게 되었던 터라 그들과 함께 농아교회 공동체를 시작할 수 있게 되었다. 우리는 러시아 수화가 통용되는 중앙아시아 농아들을 품고 복음 전도의 일을 구체적으로 시작하고자 기도해 나갔다.

'카자흐스탄의 농아들에게 어떻게 하면 복음의 씨앗을 뿌릴 수 있을까?'

우즈베키스탄에서는 축구를 하며 농아들을 불러 모았는데 카자흐스탄에서는 어떻게 해야 할지 고민스러웠다. 카자흐스탄의 농아들은 우즈베키스탄 농아들처럼 같은 마을에 모여 살지 않았으므로 그들과 어떤 지점에서 만나야 하는 것인지 고민하며 길을 찾던 중 우리가 살던 알마티에 농아들을 위한 기술전문학교가 있음을 알게 되었다.

'그래, 그곳을 뚫어 보자.'

기숙사는 관계자가 아닌 사람들이 함부로 드나들 수 없었다. 기회를 엿보다가 수위 아저씨께 선물을 드리고 잠깐씩 학교에 들어가 농아들에게 인사하고 복음을 전했다. 그렇게 하길 몇 차례, 농아들이 차츰 교회로 찾아왔다. 우리가 만난 카자흐스탄 농아들은 시골에서 올라온 여학생이 많았다. 그들은 학교에서 미용, 재봉, 양장 등의 기술을 습득했고 기숙사에서 생활했다. 그들은 기술학교의 학생들이어서인지 글을 잘 읽고 잘 썼고, 지적 수준도 매우 높은 농아들이었다. 우리가 그들에게 말씀을 가르칠 때 이해력도 좋았고 말씀을 잘 깨닫기도 했다.

우리는 그렇게 카자흐스탄 농아들에게 예수님을 전하고 함께 예배드렸다. 성경 공부도 하고 기도 모임도 가졌으며 수련회도 다녔다. 예수님을 영접한 농아들이 자원하여 침례 세례도 받는 등 즐겁게 교회 생활을 해나갔다. 그런데 문제가 있었다. 방학이 되면 농아들 대부분이 고향으로 내려갔던 것이다. 또 기술학교의 교육 과정이 다 끝나면 고향으로 돌아가야 하는 것도 신앙생활에 걸림이 되었다. 여학생들이었으므로 결혼을 하면 남편의 사정에 따라 다른 지방으로 가서 살아야 하는 경우도 많았다.

그러다 보니 신앙생활이 지속되고 믿음이 성장하기가 어려웠다. 물론 여학생들이 살던 고향 도시에도 교회는 있었지만 수화 통역자가 없었다. 그 교회에서도 농아라고 하면 괜히 부담스러워 했다. 농아는 농아대로 설교 시간에 무슨 말씀인지 모르니까 멀뚱멀뚱 앉아 있게 되고, 그렇게 한두 번 나갔다가 교회에 나가지 않게 되는 것이다. 우리는 너무나 안타까웠다. 가끔씩 그 친구들이 알마티에 나오면 만나곤 했지만 중요한 것은 신앙생활이 지속적으로 이어져야 하는데 그것이 이루어지지 않으니 얼마나 안타까운지. 카자흐스탄에도 복음의 씨앗이 뿌려지고 자랄 수 있도록 하나님께서 우리 기술학교 농아 학생들을 사용해 주시지 않을까 기대하고 있다.

그렇게 카자흐스탄 농아들을 품고 기도하며 교회 사역을 해 나가는데 우즈벡에서처럼 카작 또한 종교법이 점차 까다로워지는 상황에 직면하게 되었다.

우리는 카자흐스탄에서의 우리의 사역을 지키고 보호하기 위해 좀 더 지혜롭고 전략적이어야 했다. 우리는 합법적인 테두리 안에서 사역을 해 나가야 했다. 때마침, 우리의 경우에는 내가 카자흐스탄에 건너간 이듬해 2005년부터 카자흐스탄 농아축구팀 감독으로 일하게 되어 카자흐스탄 축구협회로부터 비자를 받게 되었다. 목사가 아닌 농아축구팀 감독으로 비자를 받았고 나중에는 영주권을 얻었기에 거기에 맞게끔 일을 해야 했다. 그래서 우리는 카자흐스탄에서 전도한 농아들을 공식적으로 등록된 농아교회에서 신앙생활을 지속하도록 했다.

그리고 실제적으로 삶의 현장으로 당당하게 나올 수 있도록 농아들이 스스로 사장이 되는 꿈을 심어 주기 위해 일터 사역을 감당하기 시작했다.

일 속에서 만난 하나님

그동안 농아들과 함께 살면서 강조했던 것이 있다. 바로 '일'이다. 국가 경제가 무척이나 안 좋은 우즈베키스탄은 정상인들도 일자리를 얻기 힘든데 장애인들이 할 일은 더더욱 찾기가 어려운 형편이었다. 나라에서 장애인들에게 주는 적은 연금으로는 그야말로 입에 풀칠하기도 힘들었다. 그러다 보니 우리 농아들이 기껏 하는 일이 '나는 농아입니다'라고 팻말에 써서 밤마다 레스토랑이나 춤추는 데 다니면서 인형 팔고 구걸하는 일이었다. 나는 상당히 격앙되어서 농아들의 등짝을 두들겨 패면서 야단쳤다.

"야, 이 녀석들아! 일을 해야지, 일을!"

구걸하지 말고 제발 땀을 흘려 일을 해서 먹고살자고 강조했다. 나는 그때부터 농아들이 경제적으로 자립할 수 있는 방법들을 궁리하고 모색하기 시작했다. 단지 농아들에게 세상적인 풍요로움을 주기 위한 일이 아니었다. 일을 통해 땀 흘리며 힘 주시고 지혜 주시는 하나님을 만나고 경험하길 원했다. 사람은 일을 해야 사람이 된다. 사람은 본래 일을 하게 되어 있다. 일을 하고 싶어 하는 본성이 있다는 것이다. 일을 하지 않고 사람이 되겠다는 사람은 얼빠진 사람이요, 자기 일을 하지 않고 기도해서 성령받겠다는 것은 넋 나간 사람이다.

하나님이 하나님이신 까닭은 그분이 하나님의 일을 하시기에 하나님이 되시는 것이다. 자기 일, 그것은 하늘이 준다. 천직이라는 말이다. 예수님도 늘 그러셨다. 당신은 보내신 분이 하라는 일만 하고 있다는 것이다. 우리는 일 속에 찾아온 하나님, 땀 속에 찾아온 성령님을 만나야 한다.

두 번에 걸친 추방을 겪으며 농아 선교에 대한 목표 설정이 사라져 버린 것 같은 깊은 절망감에 빠진 때가 있었다. 앞으로 무엇을 할지 알 수 없는 막막함 가운데 한 줄기 희미한 빛이 나의 영혼에 찾아왔다. 이때 하나님께서 주신 말씀이 바로 '일'에 대한 것이었다.

"예수께서 저희에게 이르시되 내 아버지께서 이제까지 일하시니 나도 일한다 하시매"(요 5:17)

우리 인생은 결국 두 가지 큰 일이 있다. 첫째는 예수님을 믿는 일이요, 둘째는 예수님을 전하는 일이다. 어떠한 상황에서든, 무얼 하든 청소부를 하든 국회의원을 하든 이 땅에서 우리의 일은 예수님을 믿고 예수님을 전하는 일이다. 우리에게는 하나님께서 주신 독특한 달란트, 소질이 있다. 그것을 찾아 발전시키고 그것으로 땀 흘려 수고하는 과정 속에서 예수님을 믿고 전하는, 하나님의 일을 하는 것이다.

예수님은 우리에게 '삶'으로 오셨다. 전지전능하신 예수님은 이 땅에 안 오실 수도 있었다. 그저 말씀으로만 우리의 모든 죄를 용서하실 수도 있었다. 그런 분이 구태여 사람으로 오셔서 사람들을 치료하시고 말씀을 가르치시며 끝내 십자가 위에서 죽으시어 죄를 도말하신 것은, 우리에게 '하나님께서 주신 일을 해 나가는' 그런 '삶'을 보여 주시기 위함이다. 우리는 결국, 우리의 본이 되시는 예수님을 푯대 삼아 하나님께서 주신 일을 하며 뜨겁게 살 때, 삶의 그 뜨거운 광야 속에서 사랑이신 하나님을 만날 수 있는 것이다.

나는 농아들에게 하나님께서 주신 건강한 육신을 가지고 땀 흘려 일할 때 진정한 기쁨을 느낄 수 있음을 강조했다. 나는 농아들이 삶 속으로 좀 더 적극적으로 들어가서 일하길 원했고 그것을 도와주고 싶었다. 그때 시도했던 몇 가지 중에 하나가 미장원이었다. 농아들은 손재주가 좋아서 미용기술이 좋았기 때문이다. 2003년, 우리는 농아들에게 아파트 1층에 가게를 얻어서 미장원을 하나 차려 주었다. 순교 형제의 누나인 고려인 루드밀라에게 사장을 맡겼고 미장원 한쪽에는 네일아트 하는 곳도 마련해 두었다.

미장원을 하는 동안 재미있었다. 러시아 민족은 머리 손질을 굉장히 좋아하는데 우즈베키스탄 사람들은 워낙 얼굴이 예쁘다 보니 머리하는 것을 별로 좋아하지 않았다. 미장원은 농아들의 사랑방 역할을 했지만 영업은 신통치 않았다. 손님이 없다 보니 결국 문을 닫게 되었다. 그런데 미장원을 폐업하는 과정을 통하여 우리는 우즈베키스탄을 좀 더 알 수 있게 되었다.

우즈벡에서는 사업을 하나 시작하기도 어려웠지만 그것을 끝내고 정리하는 것은 훨씬 더 힘들었다. 서류 한 장을 얻기 위해 몇 군데의 관공서를 돌아다녀야 하고 한 번에 될 일을 여러 차례 왔다 갔다 하도록 하는 것이었다. 어렵사리 시작한 미장원을 폐업하는 데 걸린 시간은 장장 4개월이었다.

우즈베키스탄에서의 미장원은 우리가 처음 시도했던 일터 사역이었고 카자흐스탄에서 일터 사역을 새롭게 시작하는 데 하나의 좋은 경험과 씨앗이 되었다. 그들에게 내가 물었다.

"얘들아, 너희들은 무슨 일을 하고 싶냐?"

"저는 구두 수선 일을 하고 싶어요."

손재주가 좋았던 농아가 말했다.

"그래, 그럼 우리 구둣방을 해보자."

우리는 아파트와 아파트 사이에 조그마한 공간에 마련된 구둣방을 계약해서 그곳에 구둣방을 열어 주었다. 한국의 본드가 좋다는 얘기에 한국에서 본드도 사다 주면서 구둣방을 하도록 도와주었다. 생각보다 농아들이 구두 수선 일을 제법 잘해 나갔다. 그런데 이게 웬일인가! 그 건물이 무허가라고 단속에 걸려 헐리게 된 것이다. 일을 잘하고 있었는데 구둣방이 헐리니 얼마나 허무하던지….

나는 농아들에게 일자리를 만들어 주기 위해 일터 교회, 일터 사역을 시작하면서 우리만의 5천 불을 투자해서 순수익 5백 불을 만들어 내는 그 일이 무엇일까를 찾고 찾아 나섰다. 농아들이 스스로 사장이 되도록….

춤추는 콩나물

　　우리가 가진 돈도 거의 떨어져 갔으므로 더 이상 미장원이나 구둣방과 같이 큰 자본금이 들어가는 일은 엄두를 낼 수 없는 상황이 되었다. 그렇다 보니 자연스럽게 소자본으로 시작할 수 있는 일을 찾게 되었다.

　'적은 돈으로 할 수 있는 일이 무엇일까?'

　이때 콩나물이 생각났다. 어린 시절 집에서 콩나물을 손쉽게 키워 먹은 기억이 떠올랐다. 그런데 물만 주면 될 것 같았던 콩나물 재배가 생각보다 만만치가 않았다. 카자흐스탄의 농아센터에 콩나물을 재배할 만한 장소가 마땅치가 않았으므로 우리는 따로 40피트짜리 컨테이너를 구입해서 그것을 개조해야 했다. 또한 콩나물이 잘 자라도록 온도를 맞추는 것도 관건이었다. 한겨울 중앙아시아 사막에서 불어오는 매서운 날씨 속에서 콩나물이 자라게 하기 위해서는 석탄 난로 정도의 화력으로는 어림도 없었다. 한여름의 폭염은 또 어떻고! 아니, 정확하게 말해서 쉬운 일이 아니었다.

콩나물이 잘 자라기 위해 필요한 것은 콩과 물이었지만 그보다 더 중요했던 것은 사람의 부지런한 손길이었다. 겨울에는 따뜻하게, 여름에는 시원하게 적당한 온도와 습도를 조절해 주면서 시간 맞추어 물을 주어야 했다. 생각보다 굉장히 수고스러운 일이었다. 게다가 중앙아시아의 농아들은 콩나물을 본 적이 없었기에 콩나물을 키우며 실수를 거듭할 수밖에 없었다.

내가 콩나물을 길러서 팔자고 했을 때 농아들은 고개를 갸웃했다. 콩나물을 길러 보기는커녕 콩나물이 무엇인지 몰랐기 때문이다. 먹어 보지도 않은 콩나물을 말로 아무리 설명해도 농아들이 도무지 감을 잡지 못하자, 그림을 그리고 사진을 보이며 가르쳤다.

콩나물이 보편화되지 않은 중앙아시아에서 콩나물을 기르려고 하니 필요한 모든 것을 하나부터 열까지 우리가 새로 만들어야 했다. 콩나물 기르는 통만 해도 그렇다. 밑에 물이 빠지도록 구멍이 나 있는 통을 구해야 하는데 그런 것이 카자흐스탄에 있을 리 만무했다. 궁리 끝에 물이 빠지게끔 되어 있는, 세탁기의 세탁조를 여섯 개 구했다. 또 그 통들을 걸어 놓을 지지대도 필요했기에 앵글도 짰다.

콩나물을 처음 키울 때, 언제, 얼마나 물을 주어야 하는지 우리 자신도 알 수 없어서 난감했다. 물을 주는 가장 적당한 시간과 양을 깨닫기까지 실패를 각오하지 않으면 안 되었다. 게다가 어쩌다 보니 물을 주는 사람들끼리 '내가 언제 물 줬네', '얼마큼 줬네' 어쩌네 하면서 옥신각신 다투기도 했다. 이런 시행착오를 겪으면서 나중에는 콩나물에 물을 주는 시간과 물의 양을 도표화해서 그때그때 체크를 하게끔 했다.

콩이 발아가 되어서 콩나물이 하루하루 쑥쑥 자라는 모습을 볼 때는 정말 신기하고 대견했다. 그런데 가만히 살펴보니 우리 콩나물에는 유독 잔뿌리가 많았다.

'왜 그럴까?'

물을 조금 주어서 잔뿌리가 난다는 이야기에 물을 더욱 자주 주었다. 밤에 자다가도 일어나서 물을 주곤 했다. 농아센터 식구들 모두 바깥에 외출을 하려고 해도 콩나물에 물 주기 위해서 누군가는 꼭 집에 남아 있어야 했고, 간혹 외출한다 해도 마음 편히 오래 바깥에 머물 수 없었다. 나중에 알고 보니 정해진 시간에 물을 주는 타이머가 있었는데 그걸 몰라서 농아센터 식구들이 돌아가면서 잠도 못 자고 외출도 마음대로 못하고 물을 주던 그런 때가 있었다.

콩나물이 다 자란 후에 콩나물 다듬는 과정은 또 어떻고! 콩나물이 자랐다고 그것을 그냥 봉지에 담아서 파는 것이 아니었다. 콩나물의 잔뿌리를 조금이라도 다듬고 검은콩 껍질을 떼어내야 했던 것이다. 물론 처음에는 그것들을 기쁜 마음으로 다듬었다. 하지만 콩나물 다듬기를 매일매일 하려니 보통 수고스러운 것이 아니었다. 또다시 농아들의 불만이 터져 나왔다. 나중에는 콩나물 다듬는 일이 우리 농아센터의 하루 일과가 되고 일상으로 자리 잡혀 괜찮아졌지만 처음에는 모든 과정마다 적응하는 데 조금 힘이 들었던 것이 사실이다.

그렇게 다듬어진 콩나물이 일정한 분량에 이르면 이번에는 그것들을 팔러 밖으로 나가야 하는 것이다.

'어디에서 누구에게 팔 것인가?'

콩나물을 길러내는 것까지는 우리 농아센터 안에서 지지고 볶으며 할 수 있다. 하지만 판매는 농아센터 밖에서 이루어져야 하는 일이었다. 일터 사역을 해 보니 항상 '판로'가 문제였다. 지금까지의 수고가 헛되지 않도록 정성껏 키운 콩나물을 잘 파는 것이 정말 중요했다.

2006년 11월, 우리는 드디어 우리의 꼬불꼬불 춤추는 콩나물을 카자흐스탄 시내의 한국 가게와 한국 교회를 중심으로 팔기로 했다. 깨끗하게 포장한 콩나물을 들고 나는 농아들과 함께 판로를 뚫으러 다녔다. 그때 우리가 갔던 곳은 콩나물을 쉽게 취급할 수 있는 한국 식품점과 식당들이었다. 동태찜, 해물찜 장사를 하는 식당에서는 두꺼운 찜용 콩나물을 요구했고 까다로운 식당 사장님은 우리 콩나물의 잔뿌리를 문제 삼기도 했다. 힘들어할 때마다 그날의 콩나물에 대한 생각들을 서로 나누며 새롭게 돌파구를 찾아보려고 열심을 다했다.

"두꺼운 찜용 콩나물은 어떻게 만들까?"

"잔뿌리가 적게 나오는 콩나물 콩이 있는지 알아보자."

콩나물 콩을 구하는 것이 생각보다 쉽지 않았다. 특히 잔뿌리가 안 나오는 좋은 콩을 구하기 위해 백방으로 알아보았다. 콩나물 콩을 구하려고 알마티에서 다섯 시간 가는 고려인 마을에 찾아갔다. 반가운 마음에 콩을 샀는데 콩 산지에 가서 농부들의 이야기를 들어보니 콩나물 콩 농사가 보통 어려운 것이 아니었다.

콩나물 콩은 특별히 '발아'가 되어야 하는데 발아가 되려면 콩 눈이 다치거나 콩이 멍들지 않고 잘 보존되어야 했다. 그러다 보니 기계로 대량 재배를 할 수가 없고 일일이 사람 손으로 콩을 거두어들여야 하는 것이다.

두부 만드는 콩은 구하기 쉬웠다. 하지만 콩나물 콩은 귀했다. 카자흐스탄 여러 곳을 다녀 봐도 찾을 수가 없었다. 카자흐스탄보다 고려인들이 훨씬 더 많이 살고 있는 우즈베키스탄에도 알아보았다. 다행히 우즈베키스탄 고려인들을 통해서 콩나물 콩을 간신히 구한 적도 있었다. 언젠가는 콩나물 콩을 구하려고 중국에까지 연락해서 받기도 했다. 그만큼 콩나물 콩 사기가 어려웠는데 나중에는 정말 여기저기 콩나물 콩이 다 떨어져서 콩나물 키우는 일을 멈추어야 했던 적도 있었다.

카자흐스탄에서 활동하는 선교사님들끼리 한 달에 한 번씩 월례회를 했는데 나는 월례회가 있을 때마다 콩나물 봉지들을 들고 참석했다. 일주일에 한 번씩 토요일에 있는 한글 학교에 가서 콩나물을 팔기도 했다. 또 한국 사람들, 특히 선교사 자녀들이 많이 다니는 학교 앞에서 하교하는 아이들을 마중 나온 한국인들을 대상으로 콩나물을 팔았다. 가끔씩은 한국인들이 세우고 운영하는 교회에서 식사 때 콩나물 비빔밥이 메뉴로 정해지면 미리 예약주문을 받아 납품을 하기도 했다.

그런데 겨울은 겨울대로 어렵지만 여름이 되니 난감한 상황이 벌어졌다. 어느 날 아침 콩나물 덮개를 열어 보니 하룻밤 사이에 콩나물들이 키가 쑥 자라 있는 게 아닌가! 우리는 당황한 나머지 찬물을 부어서 더운 날씨에 쑥 자란 콩나물들을 식혀 주었지만 그것으로 해결될 리 없었다. 쑥 자란 콩나물들을 재빨리 솎아내고 온도를 떨어뜨려 주려고 애써 보았지만 쑥쑥 자란 콩나물들은 주체할 수 없을 정도로 많아졌다. 결국 콩나물 몇 박스를 그냥 버릴 판이 되었다.

"아, 너무 아깝다. 어떻게 해야 할까?"

"못 팔아 손해 보더라도 버릴 순 없지. 우리 이웃 선교사님들께 드리자."

그렇게 선교사님들이 계시는 교회에 가져다 드리면 다음에 콩나물 주문이 들어오지 않아 수입이 줄어들기도 했다.

여러 가지 어려움이 있었지만 그런 과정들을 잘 통과한 카자흐스탄 '춤추는 콩나물교회'는 비교적 안정적으로 잘 운영이 되고 있다. 콩나물을 키우던 세탁조는 한 단계 업그레이드되었다. 진한 파랑색 플라스틱 박스를 사서 바닥에 구멍을 숭숭 뚫어서 콩나물 통으로 사용하게 되었는데 일이 굉장히 쉬워졌다.

처음에는 지극히 소규모로 판매되던 우리 콩나물이 점차 소문이 나기 시작했다. 농약을 치지 않아 조금 꼬불꼬불하고 그렇게 굵거나 크지 않은 우리의 콩나물은 우리의 찬양을 듣고 우리의 기도를 양분 삼아 잘 자라고 있다. 콩나물들이 꼬불꼬불 자라는 것이 마치 춤을 추는 것 같았다. 그런 우리의 콩나물을 한번 먹어 본 사람들은 '굉장히 고소하다'며 계속 구입하길 원했다. 나중에는 농아센터로 직접 콩나물을 사러 오는 손님들도 생겨날 정도였다.

"와, 빨간 차다. 콩나물 자동차."

카자흐스탄 알마티에서는 제법 많은 사람이 우리의 다마스 빨간색 콩나물 자동차를 알아본다. 미국에 있는 조이 장애인 선교회(김홍덕 목사)가 후원해 준 것으로 양쪽 문이 활짝 열리게 개조된 콩나물 배달, 판매 차량이다. 연식이 꽤 오래된 중고차인 우리의 콩나물 자동차가 불 끄는 소방차가 아니라 성령의 불을 붙이는 사랑의 빨간 자동차가 되기를 소망해 본다.

누가 깻잎을 먹었지

광야는 부족한 우리의 모습이 드러나는 곳이다. 그 런 점에서 우리의 농아공동체 공간인 카자흐스탄 농아센터는 우리에 게 광야였다. 공동체로서 함께 살 때 재미도 있지만 사람이 많으니까 항상 문제가 생겼다. 같은 농아이고 같은 농아축구 선수이고 같은 교회 식구이고 같은 하나님의 자녀 안에서 함께 생활했던 사람들인데도 더 불어서 산다는 것이 쉽지 않았다.

특별히 농아센터에는 카자흐스탄, 우즈베키스탄, 타지키스탄, 러시 아, 까레이스키(고려인) 등 각 나라의 민족이 모이다 보니 사람들의 입 맛부터가 달랐다. 먹는 문제부터 걸렸다. 먹는 것에 대해서는 정말 치 사하다고 생각되는 일이 참 많았다. 특히 마나스와 나타샤처럼 어린아 이들이 있는 가정은 다 같이 나누어 먹기는 어렵고 아이들한테 줄 것만 사다가 몰래 먹이기도 했다. 이것은 그들 부부만의 일이 아니었다.

농아센터에 쌀이 많으면 밥을 잘 먹지 않다가도 쌀이 떨어져 가면 희한하게도 서로 밥 먹겠다고 싸웠다. 게다가 우리는 축구 시합이 있을 때는 30명이나 되는 축구 선수들이 농아센타에서 합숙 훈련으로 함께 지낸다. 아내가 그 많은 장정의 식사를 준비해야 했으니 약사 아내가 '밥사'가 될 수밖에 없었다. 그 많은 인원이 함께 살다 보니 먹는 것 가지고 정말 신경전을 많이 벌여야 했다.

한번은 이런 일이 있었다. 농아센터에 있는 예배당에서 새벽기도를 하는데 그날따라 하나님께서 은혜를 많이 부어 주셔서 "주여, 아멘, 할렐루야 주님을 위해서 사랑하며 잘 섬기겠습니다" 하고 기도했다. 그렇게 열심히 기도하고 식당으로 와서 아침 식사를 하려고 냉장고를 열었다. 그런데 분명 있어야 할 깻잎 통조림이 보이지 않았다. 그 무렵 단기선교팀이 농아센터를 다녀가면서 깻잎 통조림 3캔을 두고 갔다. 너무나 맛있는 깻잎조림을 조금씩 그야말로 한 장 한 장 아껴서 먹고 있었는데 그것이 사라진 것이다. 깻잎 반찬에 아침 밥 먹을 기대에 부풀어 있던 나는 금세 날카로워진 목소리로 범인을 찾았다.

"누가 깻잎을 먹었지?"

그러자 주방으로 들어오던 나탸샤가 근심스러운 얼굴로 대답했다.

"목사님, 그거 마나스가 먹었어요."

그랬다. 농아센터의 다른 민족 아이들은 깻잎을 몰랐지만 엄마가 고려인인 마나스는 깻잎을 알았고 좋아했다. 깻잎뿐이 아니라 고추장도 그랬다. 마나스와 나는 음식 때문에 그렇게 종종 부딪혔다. 왜 먹었냐고 타박을 할 수도 없고, 나만 먹겠으니 먹지 말라고 할 수도 없는 노릇이었다.

그날따라 새벽기도에서 말씀으로 찬양으로 은혜받고 주님을 위해서 살겠노라 결단하는 기도를 한 지 몇 시간이 지나지도 않았는데 깻잎 하나로 새벽기도의 영성이 한순간에 무너졌으니 이것이 내 모습이다. 역시 하늘문은 이미 열렸는데 땅의 문이 나로 인해 닫혀 있음을 깻잎으로 깨닫게 되었다.

또 다른 열매

카자흐스탄 농아센터에는 자그마한 마당이 있다. 그곳에 작은 삶의 터전인 농아 축구장을 만드는 것은 결코 쉬운 일이 아니었다. 재정이 넉넉하다면 빠른 시간에 만들 수 있겠지만 우리가 가진 것은 노동력과 시간뿐이었다. 그래서 우리에게 허락된 조건 안에서 힘을 모을 수밖에 없었다.

농아 축구장이 만들어지는 2년여 동안 우리 농아센터에는 건물이 하나둘 세워지기 시작했다. 축구 선수들이 와서 운동하고 난 후 씻을 수 있는 샤워실과 농아센터 안에는 턱없이 부족한 화장실 시설을 축구장 옆에 만들어 놓았다. 콩나물을 키우는 컨테이너와 더불어서 나중에 두부를 만들 수 있는 컨테이너를 또 하나 축구장 한쪽에 자리 잡게 하고 그 안을 쓰임새에 걸맞게 꾸몄다. 농아센터에서 일하는 농아들이 사무를 볼 수 있도록 사무실을 하나 만드는 등 농아센터에는 크고 작은 공사들이 줄기차게 이어졌다.

집이 낡다 보니 집안 여기저기 보수공사도 해야 했지만 무엇보다도 축구장이 제 구실을 하기 위해서 부대시설도 갖추어야 했다. 농아 축구장을 만드는 과정에서 하나님의 예비하심과 역사하심을 경험했던 우리에게는 무척 소중한 추억이 담긴 일이었다.

장장 2년이 걸린 축구장 공사는 마당의 나무들을 자르는 것에서 시작되었다. 이 또한 쉽지 않았다. 배, 호두, 앵두, 사과나무들을 단지 자르는 것이 아니라 그 밑동까지 뽑아야 했다. 뿌리를 놔두면 나중에 축구장을 뚫고 그 싹이 나오기 때문이다. 나중에 고생하지 않기 위해서는 애초부터 깨끗하게 나무를 처리해야 했는데 그 방법이 우리에게는 숙제였다. 여기저기에 물어가며 하나하나 해 나갔다. 농아들이 직접 톱으로 나무를 잘랐다. 어렵사리 굵고 커다란 나무 밑동까지 뽑았는데 할 수 있는 최대한 그 뿌리를 캐냈다. 그리고 휘발유를 뿌려서 태운 다음에 나중에는 페인트칠까지 해야 했다.

축구장 만드는 과정을 잘 몰랐던 우리는 누군가로부터 자문과 도움을 받아야 했다. 마침 카자흐스탄에 축구장 인조 잔디 사업을 하는 한국인이 있었다. 우리는 그 사장님에게 이런저런 자문을 구했다. 돈이 없는 우리에게 그분은 이렇게 말했다.

"목사님, 정식으로 축구장을 만들려면 돈이 많이 드니까 제일 쉽게 하는 방법은 그냥 맨땅에 시멘트를 얇게 깔고 그 위에 인조 잔디를 까는 거예요. 그게 제일 쉬워요."

그렇게 했을 경우 장점은 돈이 조금 든다는 것이고 단점은 이곳에서 축구를 오래 하면 무릎에 충격이 와서 무릎이 안 좋아지고 비가 왔을 때 물이 땅속으로 흡수되지 못하여 고인다는 것이다. 나는 그분에게 정직하게 말했다.

"사장님, 우리는 일할 수 있는 사람들이 있습니다. 우리 농아들은 이런 공사들을 잘할 수 있는 기술도 있지요. 돈은 없지만 우리의 인력으로 어떻게 축구장을 만들 수는 없을까요?"

그분은 골똘히 생각을 하시더니 우리에게 조언해 주셨다.

"그러면 토목공사부터 하세요."

우즈베키스탄에서 사택을 개조해 마당에 교회를 건축해 본 것이 우리 경험의 전부였기에 하나하나 물어가며 일하지 않을 수 없었다. 그 사장님은 좀 아연한 얼굴로 쉬운 말로 설명해 주었다.

"땅을 파세요. 땅을 파다 보면 어디는 깊이가 40cm, 50cm 들쭉날쭉한데 그것을 똑같은 깊이가 되도록 맞추어야 합니다."

우리는 사장님이 시키는 대로, 원리원칙대로 땅을 파고 깊이를 맞추었다. 따가운 뙤약볕에서 농아들이 땀 흘리며 수고를 했다. 그런데 막상 축구장 터를 만들다 보니 생각보다 좁아 보였다. 그래서 보행 통로를 고려하면서도 공간을 최대한 확보하려고 안간힘을 썼다.

터파기를 한 다음에는 큰 자갈을 바닥에 깔고 그 위에 작은 자갈을 깔았으며, 그다음에는 흙을 덮어야 했다. 깊게 파놓은 터를 자갈들로 채워야 했으므로 상당히 많은 자갈이, 그것도 종류별로 필요했다. 커다란 덤프트럭 몇 대 분량의 엄청난 자갈들을 사야 했으므로 우리의 근심이 깊어졌다. 그런데 놀랍게도 우리는 하나님의 예비하심을 경험하게 되었다.

때마침 카자흐스탄에 온 한국인이 건축을 하게 되었다. 그런데 그 건축할 곳에 토목공사를 하려고 땅을 팠더니 계속 돌만 나오더라는 것이다. 공사를 할수록 돌무더기가 산더미같이 쌓여갔다. 그 돌들을 처리하는 것이 그 건축업자에게는 큰일이었다. 다행히 우리는 그 돌들이 필요했고 하나님께서 인도해 주셔서 딱 알맞은 시간에 그 돌들을 받을 수 있었다. 한국인 건축업자는 자갈돌을 버려서 좋고 우리는 그것을 공짜로 얻어서 좋았다. 하나님께 정말 감사하지 않을 수 없었다.

우리는 덤프트럭 몇 대가 쏟아놓고 간 엄청난 자갈돌을 축구장으로 옮겨 차곡차곡 깔았다. 그리고 흙을 덮고 그 위에 다시 고운 모래를 깔았다. 롤러를 가져다가 왔다 갔다 했다. 나중에는 롤러 대신에 자동차를 축구장 안으로 몰고 들어가서 땅을 다지기를 반복했다. 다음 단계는 그 상태에서 비를 맞고 눈을 맞으며 땅이 단단하게 다져지게끔 하는 것이었다. 우리는 콩나물에 물 주고 난 다음에 혹은 콩나물을 다듬다가 몸이 찌뿌둥하다 싶으면 이렇게 외쳤다.

"우리 나가서 운동하자."

아직 인조 잔디도 깔리지 않은 흙바닥에서 족구도 하고 축구도 했다. 그렇게 사람들이 신나게 뛰어놀다 보면 흙바닥이 자연스럽게 다져지기 때문이다. 그런 시간들이 흘러가고 2008년 12월, 한국 기술자들이 오셔서 다른 데서 쓰고 남은 자투리 인조 잔디를 바닥에 깔아 주고 흰색 선도 칠해 주며 미니 축구장(26mx13m)이 마침내 완성되었다.

축구장 가장자리에 공이 넘어가지 못하도록 그물 네트도 쳤다. 우리 농아들은 자신들의 땀방울이 방울방울 떨어졌던 그 축구장을 벅찬 감격 속에서 펄쩍펄쩍 뛰며 달렸다.

카자흐스탄 농아센터의 미니 축구장은 지금까지도 우리 농아들의 사랑과 인기를 한몸에 받는 명물이 되었다. 우리는 카자흐스탄 농아센터의 대문에 이렇게 문패를 걸었다.

'카자흐스탄 농아축구대표팀 연습장'

당시 우리 카자흐스탄 농아축구대표팀은 아시안게임에 출전하여 3위에 입상, 동메달을 따서 이듬해 2009년 9월에 개최되는 올림픽 출전을 놓고 연습을 하던 때였다. 우리는 비록 올림픽에 처음 출전하여 좋은 성적을 거두지는 못했지만 우리 카자흐스탄 농아센터의 농아들이 이룬 땀의 결실인 미니 축구장에서 신나게 연습했던 추억이 지금도 우리를 즐겁게 한다.

일터 교회가 되다

춤추는 콩나물교회가 어느 정도 자리가 잡혀갈 때였다. 나는 밤하늘을 바라보다가 콩나물교회 이후에 새롭게 개척할 두부교회를 꿈꾸게 되었다. 전주 에덴장로교회(김정한 목사)가 두부교회 개척헌금을 보내 주셨다. 2007년 3월, 그 헌금으로 한국에서 두부 기계를 들여오면서 우리의 두부 사역은 시작되었고, 나는 카자흐스탄 국경을 육로로 넘어 중국 우루무치에서 또 다른 두부 만드는 법도 배워왔다. 그리고 교회 이름을 '행복한 두부교회'라고 지었다.

두부교회가 정착하기까지 순탄치 않았다. 두부는 콩을 물에 불리는 것을 시작으로 두부를 포장하기까지의 과정 하나하나가 사람의 정성으로 만들어졌다. 무엇보다 일정한 품질의 두부를 만들어야 했으므로 모든 재료를 보관부터 철저하게 관리할 필요가 있었다. 두부는 간수가 특히 중요했다. 간수는 두부를 응고시킬 때 사용되는데 계절에 따라서 조금씩 달라져야 했다. 간수를 잘 맞추는 것이 언제나 일정한 두부 맛을 낼 수 있는 비결이었다. 그런 비결을 완전히 익히는 것이 말처럼 쉽지는 않았다.

사실 처음 두부를 만들다가 두부가 응고되지 않아 못 만들고 버리는 일도 있었고, 겨울에는 물이 나오지 않아 두부 생산을 중단한 적도 있었다. 또 두부 가열기를 작동하다가 전기 과열로 기계가 멈추는 일도 다반사였다. 여러 가지 시행착오를 거쳤지만 우리는 한국에서 가져온 최고 품질의 간수를 사용해서 정말 고소하고 맛있는 두부를 만들게 되었다. 그래서 콩나물교회를 하면서 알게 된 곳을 중심으로 두부를 함께 판매하다 보니 일터 사역이 더욱 힘 있게 번창하는 것 같다.

이슬람 땅의 장애인들에게 스스로 사장이 되는 꿈을 심어 주는 일터교회 사역에 온 힘을 다 쏟았다. 세상 장사꾼은 돈을 남기지만 하늘 장사꾼은 사람을 남긴다는 인식 앞에 다시 한 번 거룩한 하나님 나라의 장사꾼이 되기를 다짐하기도 했다.

두부교회 외에도 우리의 일터 사역에서 또 다른 실패 사례가 있다. 천냥하우스 교회라고 이름 붙였던 생활용품 판매 사역이었다. 시베리아 횡단열차를 타고 달려온 컨테이너 안에 있던 샴푸와 세제, 캔 제품들이 시베리아의 혹한을 이기지 못하고 오는 동안 얼고 터져 버려서 쓸 수 없게 된 것이다. 물질적으로 손해보고 쓰린 실패를 경험했고 그런 실패의 광야를 지금도 우리는 피 터지게 걷고 있다.

하지만 장애인을 신마저 버린 존재라고 인식되는 그 땅에서 도전하고 부딪히고, 때론 실패의 쓴잔을 마시고 비틀거릴지라도 하나님의 사람으로서 당당하게 사장이 되는 꿈을 갖고 일터 교회의 개척자들이 되는 그 꿈을 펼치기 원한다.

카자흐스탄 농아센터에 새롭게 개척한 일터 교회 이름은 '뻥튀기교회'이다. 하늘이와 영광이가 밀라 이모라고 부르는 하밀라 자매는 순교 형제의 누나이다. 우리가 우즈베키스탄에 처음 정착할 때부터 함께 살았기에 우리에게는 가족이나 다름없다. 남편인 요셉 형제도 결핵으로 죽어가던 사람이었는데 하나님의 은혜로 살아나면서 신학을 공부해 전도사가 되었다. 아버지와 여동생을 모두 결핵으로 잃을 정도로 하밀라 자매의 가정은 결핵 때문에 고통받아 왔다. 특히 왼쪽 폐에 구멍이 너무 크게 뚫려 있어 병원에서는 이미 죽은 자라고 사망선고를 받은 상태에서도 하밀라 자매는 오늘을 자기 인생의 마지막 날로 여기며 하루를 행복하게 살아가고 있다.

'하나님이 나를 통해 무엇을 이루기 위해 지금까지 살려 두고 있는 것인가?'

이런 물음 앞에서 하나님을 늘 바라보던 하밀라 자매는 이듬해 큰 수술을 받게 되었다. 수많은 사람의 기도 덕분에 왼쪽 폐의 2/3를 절제했음에도 불구하고 수술 후 하밀라 자매는 놀랍게도 회복되었다. 하나님의 기적을 온몸으로 경험하며 다시 살아났다. 그리고 지금은 새롭게 개척된 뻥튀기교회를 책임지고 있다.

향후 뻥튀기교회의 꿈은 자동차에 뻥튀기 기계를 싣고 카자흐스탄 시골 마을을 다니면서 복음을 전하는 것이다. 낮에는 뻥튀기를 만들어 팔고 밤에는 그 지역 사람들에게 복음을 전하는 그런 꿈을 꿈꾸고 있다. 그래서 한곳에 머무는 교회 사역이 아닌 카자흐스탄 전체를 향한 뻥튀기교회 사역이 될 것이라는 기대에 부풀어 있다.

내가 우즈베키스탄에서 추방당했을 때 낙심한 나를 일으키셨던 하나님 말씀을 이미 말한 바 있다.

"내 아버지께서 이제까지 일하시니 나도 일한다"(요 5:17)

지금도 일하시는 하나님 아버지의 일이 무엇일까? 대부분의 크리스천은 하나님의 일은 교회에만 있다고 본다. 아버지의 일과 나의 일이 따로따로라고 생각하기도 한다. 하지만 그렇지 않다. 거룩한 세상 일이 있을 수 있고 거룩하지 못한 교회 일이 있을 수 있다. 뻥튀기든 콩나물이든 그것이 어떤 일이든 문제는 우리가 하나님 앞에서 거룩해짐으로써 우리가 하는 일이 모두 거룩하기를 기도하며 받은 마음으로 일해야 한다는 것이다.

하나님은 그 하나님의 일을 우리에게, 나에게 맡기셨다. 우리가 하는 일이 아버지의 일인 것이다. 그런데 하나님은 내게 할 일을 주시고 가만 계시는 분이 아니다. 그 일을 직접 하고 계신다. 다만 부름받은 나를 통해 그 일을 나타내실 뿐이다.

우리 삶에 어떤 문제가 있든 상관없이 우리에게서 하나님이 하시는 일을 나타내기를 소원하는 마음으로 하나님께서 주신 아버지의 일을 나도 행하기를 원한다. 그러면 그곳이 어디든 일터가 바로 삶의 현장이 되어 '예수를 전하는' 교회가 되는 것이다.

돈 때문에 일을 하면 노동이지만 사명 때문에 일을 하면 생명이 되는 것이다.

하나님이
보낸 사람

3부

산속에 살았던 물고기,
하늘을 만나다

그분이 하실 것이다!
그리고 마침내 흩어진 조각들이 다 제자리에 맞춰져서
전체의 큰 그림을 완성했을 때의 감격을 상상해 본다.

어느 날 꿈을 꾸었다. 내가 나비가 되는 꿈이었다.
알에서 번데기로, 애벌레로, 결국은 나비가 되어 훨훨 날아다니는 꿈.
변화를 상징하는 꿈이었고 자유함을 상징하는 꿈이었다.

나는 당시 카자흐스탄에서 일터 사역과 농아축구 사역을 한창 열심
히 하고 있었다. 그해 여름, 농아교회의 리더 10명과 한국에 나갔다. 소
련선교회에서 주최하는 구 소련권의 교회 사역자 훈련 프로그램에 참
여하기 위해서였다. 우리를 위해 기도해 주시는 분들의 도움으로 농아
들은 3주 동안 한국에 머물며 훈련을 받고 목회 견습도 했다. 이때 우
리가 함께 찾아간 곳 중에서 가장 기억에 남는 곳은 역시 소록도였다.

우리는 소록도 신성교회에 가서 한센병 환우들과 함께 예배를 드렸
다. 예배 중에 목사님은 우리를 소개해 주셨다. 마침 우리가 갔을 때 사

232

회 보시는 장로님이 우리를 소개해 주셨다.

"오늘은 이민교 선교사님이랑 손님들이 오셨습니다. 나와서 인사하시죠."

그때 우리 농아들이 자기소개와 함께 짤막하게 간증을 했다. 농아교회 사역자들은 손으로 말을 했다. 그리고 대한민국 땅 소록도에서 앞을 보지 못하는 한센병 환우들은 그것을 귀로 들었다. 러시아어 손말이 '예수'라는 하나의 끈을 통해서 한국어 입말로 전해졌다. 우즈벡과 카작 농아들의 러시아 수화가 아내의 통역으로 한국인 시각장애인 할아버지, 할머니들에게 전해지던 그 시간들은 오래토록 우리의 마음을 따뜻하게 했다. 세대와 나라와 민족 그리고 각자의 장애마저도 뛰어넘는, 하나님만이 이루실 수 있는 감동이 있었던 것이다.

예배가 끝난 후 우리는 소록도에 있는 또 다른 교회인 소록도연합중앙교회에 모여서 그곳 천우열 전도사님과 함께 둘러앉아 담소를 나누었다. 농아들은 말했다.

"우리는 소록도에 오고 싶었어요. 왜냐하면 여러분들이 기도해 주셔서 우리 목사님이 변화되어 예수님을 믿고 선교사로 우즈베키스탄까지 오셔서 이제는 우리가 목사님을 통해서 예수님을 만났잖아요. 그래서 정말 여러분들에게 오고 싶었고 얘기하고 싶었어요. 정말 감사하다고, 고맙다고 얘기하고 싶었어요."

우즈베키스탄 농아들의 러시아 수화를 소록도연합중앙교회의 전도사님에게 한국어로 통역하던 아내가 눈물을 글썽거렸다. 우리는 알고 있다. 우리가 뭘 잘해서가 아니라 모든 것이 참으로 하나님의 은혜임을…. 우리에게 이런 은혜를 허락하신 하나님께 감사할 뿐이었다.

우리가 소록도에 가면 늘 찾아뵙는 한센병 환우들 중에 몇 분이 계신다. 그런데 이때 할머니 한 분을 만나지 못했다. 알고 보니 몸이 안 좋으셔서 소록도 병원에 입원해 계셨다. 나는 농아들을 데리고 소록도 병원으로 향했다. 그리고 마침내 장인심 권사님을 만났다. 많이 여윈 모습으로 병상에 누워 계시던 할머니가 우리를 보시고는 깜짝 선물이라도 받은 듯 활짝 웃으셨다.

내가 예수님을 믿기 전부터 지금까지 한결같이 기도해 주신 고마운 분, 굽은 열 손가락, 굳은 손으로 마늘농사 짓고 돼지를 키우면서도 우리 같은 선교사들을 돕고 계시는 정말 귀한 분이었다. 거동이 불편하셨던 할머니를 위해 함께 기도했고 둘러앉아 그분의 인생 이야기를 들었다.

어느 날 열여섯 꽃다운 나이에 갑자기 나병에 걸린 딸에게 엄마와 아버지가 사정을 했다.

"네가 문둥이라는 것이 소문나면 하나밖에 없는 네 오빠에게 누가 시집을 오겠냐?"

부모와 생이별을 할 수밖에 없었던 나병 환자의 삶의 여정을 간증해 주셨다. 차마 떨어지지 않는 발걸음을 떼어 할머니는 집을 떠나야 했다. 그렇게 소록도로 들어와 산 지 60년의 세월이 되어 가고 있었다. 그

세월 동안 세상에서 버림받은 것 같으나 하나님의 특별한 은혜로 예수님을 알게 되고 하나님을 아버지라고 부르는 자녀가 되었고 세상과 단절된 것 같았으나 하나님의 각별한 보호하심 아래 특별히 구별된, 행복한 삶을 살고 있음에 뜨겁게 감사하는 고백이 이어졌다. 이러한 고백은 바로 이슬람 땅에서 알라(신)마저 버린 존재로 여겨지던 우리 농아들의 고백이기도 했다.

내가 처음 아내를 데리고 소록도에 갔을 때, 해 주시던 그 이야기가 우리 우즈베키스탄과 카자흐스탄의 농아들에게도 전해지고 있었다. 아브라함의 하나님이 이삭의 하나님으로, 야곱의 하나님으로 믿음이 흘러가듯이 소록도의 삶 가운데 드러난 주님의 영광이 눈물과 감동, 사랑의 이야기가 되어 신앙의 2대, 3대로 흘러가고 있었다.

할머니는 우리에게 당신의 삶을 간증하며 기운이 나셨는지 천천히 몸을 일으키셨다.

"내가 여기 누워 있으면 뭐해? 어차피 내 몸 썩어져서 죽어 가는데…. 한 사람한테라도 더 예수님을 알려야지."

곧 무너져 내릴 것 같은 몸으로 병원을 돌며 생명이신 예수님을 전하는 할머니의 모습은 내가 누구인지, 왜 사는지, 어떻게 살아야 하는지를 생각하게 하며 우리 농아들에게 큰 도전이 되었다. 사실, 나 역시 장인심 권사님을 비롯한 소록도의 한센병 환우들에게 항상 믿음의 도전을 받아왔음을 고백한다. 더 나아가 하나님께서는 소록도 나병 환자들을 통해 이슬람 땅에서 농아축구팀을 이끌며 하나님의 집을 지어가던 나의 사역에 중대한 변화를 이끌어 주셨다.

내가 소록도에 갈 때마다 한센병 환우들은 북한에 대해 그리고 통일에 대해 이구동성으로 말씀하셨다.

"하나님께서 한 사람 한 생명을 얼마나 귀하게 여기는데…. 굶어 죽지. 아이고. 얼마나 울었는지 몰라요."

"우리는 못났지만 하나님께 기도해요. 남북통일을 위해서…."

그리고 새벽기도와 낮 12시 정오기도에 한센병 환자들이 교회에 모여서 통일을 위해 기도하고 계셨다.

"하나님 앞에 자유롭게 예배드리고 주님의 복음의 역사가 일어나길, 성령의 역사가 일어나게 해 주시고…."

"우리와 한 피를 나눈 한 형제입니다. 하나님께서 그 영혼을 불쌍히 여겨 주시고 받아 주시고 우짜든지 예수님 알고 믿고 서로 손잡고 사랑으로 지낼 수 있게 해 주시고…."

"하루속히 통일이 되어 한 형제자매 예수 믿으므로 예수로 하나가 되기를 아버지 하나님 원하옵고 기도하옵나이다."

땡중이었던 나를 예수 믿게 해 준 소록도 환우들의 기도가 러시아와 우즈베키스탄 그리고 카자흐스탄에 이어 마침내 북한으로 돌려놓으리라고는 정말 몰랐다.

그러던 어느 날 북한의 형제들을 위해 통일을 갈망하며 오랫동안 기도해 오시던 소록도 한센병 환우들이 이제는 통일을 아주 구체적으로 준비하고 계시다는 사실을 알게 되었다. 장인심 권사님을 비롯한 소록도 환우들이 통일을 위해서 통일헌금을 해 오고 있었던 것이다. 그들의 통일통장에는 불편한 몸으로 땀 흘려 일한 돈을 틈틈이 저축한 내역들이 빼곡했다. 돌봐주는 자식이나 가족 없이 혼자 살다가 돌연 죽게 될 경우에 대비해 통일통장의 첫 장에는 저축한 돈의 사용에 대해 유서까지 적어 놓으셨다. 장인심 권사님은 의기양양하게 말씀하셨다.

"통일이 되면 3분의 1은 성경 사고요, 3분의 1은 선물 사고, 3분의 1은 내가 상대하는 사람들한테 나눠 줄 거예요. 그러면서 여러분들 예수 믿으세요! 말하고 싶어요."

하나님의 경제법칙은 얼마나 많은 돈을 헌금했는가에 있지 않다. 어느 과부의 두 렙돈 헌금을 보시고 가장 많이 헌금했다고 하신 예수님의 경제 원리로 볼 때 이 땅의 버려진 장애인들의 헌금이 통일의 종잣돈이 되리라는 확신이 들었다.

나는 깜짝 놀라서 권사님에게 물었다.

"할머니, 어떻게 이런 통일통장을 준비할 생각을 하셨어요?"

권사님은 2009년도에 있었던 일을 말씀해 주셨다. 북한과 중국의 접경 지역에서 미국 여기자 두 명이 비자도 없이 북한으로 넘어갔다가 북한 국경수비대에 억류된 사건이었다.

"그 뉴스를 보고는 다들 걱정들을 하고 있는데 어느 날 빌 클린턴 미국 전 대통령이 평양에 딱 와서는, 연설 몇 마디 하더니 여기자들을 데리고 탁 비행기 타고 가버리더라고요. 그래서 내가 그 자리에서 외쳤어요. 오메, 통일도 저렇게 되겠네! 어느 날 갑자기 저렇게 되겠네. 하나님이 허락하신다면 어느 날 갑자기 저렇게 되겠네. 내가 그다음 날 당장에 통일통장을 만들었습니다, 당장에!"

나의 영혼에 예수를 전염시켰던 소록도 한센병 할머니, 할아버지들이 이번에는 나의 가슴에 북한에 대한 불씨를 붙여주고 계셨다.

변화의 큰 포석

언젠가 우리의 선교지인 카자흐스탄 알마티에서 카자흐스탄 팀과 한국 팀의 농구시합이 열린 적이 있었다. 관중석은 대부분 카자흐스탄 사람들이 차지하고 있었고 한국인 응원팀은 우리를 비롯한 극소수였다. 이때 한국 선수들은 선택해야 했을 것이다. 그들의 플레이에 야유하는 상대편 팀의 응원을 들을 것인지, 경기장 한쪽 코너에서 태극기를 흔들며 그들을 열렬히 응원하던 우리의 소리를 들을 것인지…. 마찬가지로 내 안에서 들려오는 여러 소리 중 나는 어디에 귀를 기울여야 할까?

상황은 변하지 않는다. 다만 같은 상황을 어떻게 바라보고 무엇을 선택할 것인지가 관건임을 알아차린 후 우리는 새롭게 바닥을 치고 일어났다.

사람은 책을 만들고 책은 사람을 만든다. 주님의 은혜로《복음에 빚진 사람》이라는 책이 세상에 태어났다. 꽃피기 전 봄 산처럼 꽃핀 봄 산처럼 누군가의 가슴을 울렁였던 책이 일을 하기 시작했다.《복음에 빚진 사람》이 사람들을 깨우는 성령의 도구가 되어 주었다.

나처럼 부처를 전하던 땡중이 '하나님을 아버지'라고 부를 수 있게된 것이 이 세상에서 가장 큰 이적 중에 하나가 아닐까 생각한다.

이적은 기적과 다르다. 기적은 자연발생적인 사건에 나타난 현상이고 이적은 말씀에 나타난 증거이다. 나 같은 놈의 간증을 통해 안 믿는 사람들이 예수님을 믿게 되고 믿는 이들에게 더 확실한 믿음을 갖게 했다는 이야기를 듣는 것이 참으로 행복했다.

세월이 흐르면 당연히 우리는 변화한다. 청년은 장년이 되고 어린아이는 청년이 된다. 건강했던 몸은 조금씩 고장이 나기도 하고, 함께 살던 식구들도 뿔뿔이 흩어져 각자의 길을 가게 된다. 그런데 하나님께서 인도하시는 우리의 사역에도 이 시기에 큰 변화의 포석들이 놓였던 것같다. 안식일에 일하셨던 예수님처럼 안식년이었지만 하나님께서 일하시니 우리 역시 일하였는데 그 일 가운데 하나님께서는 미래의 계획을 위한 큰 포석들을 놓고 계셨던 것이다. 우리는 우리 앞에 어떠한 크고 은밀한 변화가 있을지 까마득히 모른 채 자리를 비운 카자흐스탄으로 설레는 마음으로 돌아왔다.

긴 숨을 쉬고 돌아온 첫날, 카자흐스탄은 토요일이었다. 그런데 매주 토요일마다 농아센터에 모이던 축구 선수들은 새로운 농아들로 북적거렸다. 무엇보다 유난히 추웠던 긴 겨울에도 변함없이 콩나물과 두부와 뻥튀기 사역은 예전과 똑같이 진행되고 있었다. 목회자가 잠시 없는데도 각자 자기 위치에서 자신의 일을 잘해 준 농아 식구들에게 힘찬 박수를 보내지 않을 수 없었다.

그렇게 카자흐스탄에서의 사역은 다시 시작되었고 농아들과 함께 웃음을 나누었다. 우리는 서로를 축복하기 위해 꼭주베에 올라갔다. 꼭주베는 알마티 시내가 한눈에 내려다보이는 곳이다. 천산산맥이 병풍처럼 둘러싸인 알마티는 자동차 매연과 땅 집에서 뿜어대는 석탄연기로 도시 전체에 뿌연 스모그가 덮여 있을 때가 많다.

그 무렵, 인근 나라에 큰 지진이 일어났다. 세상의 소리를 듣지 못하는 우리 농아들은 TV를 통해 일본의 지진과 동남아 지진, 시베리아 캄차카 지진 등의 소식을 접했다. 그런데 그렇게 큰 자연재해를 바라보던 농아들이 나에게 이렇게 물었다.

"목사님, 저런 지진들도 하나님이 보시기에 심히 좋은 것인가요?"

언제부턴가 내 중심에는 "하나님이 그 지으신 모든 것을 보시니 보시기에 심히 좋았더라" 하신 〈창세기〉 1장 31절 말씀이 자리하고 있었다. 사람들이 장애인들에 대한 인식을 죄에서 비롯된 것이라고, 그것도 전생의 죄 혹은 부모의 죄로부터 이어져온, 신의 저주라고 말하고 있을 때에 나는 "하나님이 보시기에 심히 좋았더라" 말씀을 기억하곤 했다.

그래서 더욱 나의 삶에, 우리 가족의 삶에, 내가 함께하고 있는 공동체 식구들의 중심에 "하나님이 보시기에 심히 좋았더라" 하신 그 말씀이 늘 자리하면 좋겠다고 간절히 바라곤 했다.

주일에 우리에게 주신 하나님 말씀에 대한 믿음의 첫 발을 내딛는 표시로 우리는 먼저 우리 삶의 중심인 교회 공동체 안의 청소를 시작하기로 했다. 농아센터의 식구들이 총 출동해서 각자에게 주신 청소의 은사대로 교회 안을 새롭게 페인트칠하고 교회 천장을 보수하기 시작했던 것이다. 우리가 카자흐스탄에 와서 둥지를 틀었던 이 농아센터는 원래 선배 선교사님이 사역을 하시던 장소였다. 그런데 예배당 건물이 여름은 너무나 덥고 겨울은 너무나 추워서 교회로 사용하기에 여러 불편함이 많아서 수리가 필요했는데 그걸 시작한 것이다. 일을 하며 얼마나 먼지를 마셨던지 알마티의 공기가 깨끗하게 느껴질 정도였는데 그날 저녁 어스름 무렵에 전화 한 통을 받았다. 서울에서 걸려온 전화였다.

약 20여 년 전에 전주교도소에서 만났던 재소자 중의 한 사람이 전화를 해 준 것이었다. 그동안 이래저래 수소문하며 찾고 찾았던 사람이기에 전화 통화를 끝내고 나는 환호성을 질렀다.

"와우!"

너무 반가운 마음에 펄쩍펄쩍 뛰고 한 바퀴 돌려고 하다가 그만 쫘당 넘어지고 말았다. 그때 나는 기쁨이 몰려와도 죽을 수 있겠다는 생각이 들었다. 기쁨으로 터질 것 같은 심장을 진정시키며 바닥에 드러누운 채

과거로의 여행을 떠났다. 우리는 서로가 철장 안에서 다른 모습으로 서 있었지만 하나님을 뜨겁게 처음 만나던, 예수 보혈 첫사랑의 시간을 함께해서인지 더욱 소중하고 그리운 것일까? 보고 싶었다. 그동안 어떻게 살았을까? 그 친구는《복음에 빚진 사람》을 읽고 수소문을 해서 나에게 전화를 해 왔던 것이다. 그 친구를 비롯해서 정말 많은 사람이 우리와 우리의 사역에 큰 관심을 가져 주었는데, 무엇보다《복음에 빚진 사람》을 통해 하나님께서는 당신의 일을 해 나가셨다.

가끔씩 집회를 통해 목사님들의 목회를 돕고 성도들을 말씀으로 깨우는 일을 해 왔지만 책이 출간된 후에는 미국과 캐나다, 심지어 호주의 한인 교회로까지 초청을 받게 되었다. 이때 특별히 이동원, 홍정길, 김동호 목사님들이 시작한 해외 유학생 모임(KOSTA)에 초청을 받게 되었다. 캐나다 밴쿠버 코스타에 이어 호주 코스타에서도 초청이 이어져 말씀 사역을 감당했으니 나로서는 감히 생각지도 못한 일이었다.

이 시기에 하나님께서는 집회와 강연 등 여러 다양한 형태를 통해서 만나야 할 사람들을 만나게 하셨고 이후의 더 크고도 비밀스러운 일들을 위해 밑 작업을 해 나가셨다. 그때까지 나는 하나님의 사랑에, 그 크신 은혜에 늘 빚진 자로서 감히 생각지도 못한 인생을 살아왔다고 단언하지만《복음에 빚진 사람》으로 뿌려진 씨앗들이 2012년 이후 구체적으로 태동하고 싹터나가는 일련의 과정들은 참으로 믿기 힘든 일들의 연속이었다.

　　새해 첫날에 〈요한복음〉 18장에 나와 있는 빌라도
와 예수의 대화를 주목하게 되었다. 빌라도의 심문을 통해 빌라도와 예
수님의 대화가 성경에 있다는 것이 새롭게 놀라움으로 다가왔다.

　"네가 유대인의 왕이냐?"

　"아니다."

　"네가 왕이냐?"

　"그렇다. 내가 왕이다."

　빌라도는 3차원 세계의 의식으로 질문했고 예수님은 시공간의 존재
를 초월한 4차원 의식으로 답변했다. 이것이 나를 성경 안에 멈추게 했
던 것이다.

　"진리가 무엇이냐?"

이상의 질문에 아무 답변도 없으신 예수님의 눈빛을 바라보았다. 사람은 누구나 진리에 대해서 마음을 열어 놓고 있다. 진리를 찾지 않는 사람은 없다. 모든 인류는 진리를 찾고 진리를 사랑하고 있다. 모든 인류를 사랑할 수 있는 길은, 그들에게 진리를 전해 주는 것뿐이다. 선교란 바로 이 진리를 전하는 것뿐이다. 그렇다면 진리는 무엇인가? 진리는 말인가? 아니다. 진리는 말이 아니다. 진리는 무엇인가? 진리는 몸이다. 말씀은 말이 아니라 육신이다. 말씀은 육신이 되어야 한다. 진리는 보여 주는 것이지 들려주는 것이 아니다. 내가 진리가 되어야 한다. 내가 진리가 되기 전에는 진리를 보여 줄 수가 없고, 진리를 전할 수 없다. 내가 진리가 되어 진리를 보여 주는 것이 이웃을 사랑하는 것이다.

"태초에 말씀이 계시니라. 이 말씀이 하나님과 함께 계셨으니 이 말씀은 곧 하나님이시니라"(요 1:1)

내가 처음 예수님을 믿게 될 때 이 〈요한복음〉의 말씀을 보고 마치 불교의 윤회설처럼 돌고 있음을 느끼게 되었다. 말씀이 육신이 되어 이 땅에 오셨다. 육신이 된 나는 말씀이 되어 진리로 하늘에 간다. 여기에 기독교의 비밀이 있다.

"말씀이 육신이 되어 우리 가운데 거하시매 우리가 그의 영광을 보니 아버지의 독생자의 영광이요 은혜와 진리가 충만하더라"

기독교의 비밀은 〈요한복음〉 1장 14절에 있다. 임마누엘이다. 말씀이 육신이 되었다는 것이 모든 이적과 기적의 뿌리가 된다. 하나님이 이제 사람이 되었으니 사람인 나는 말씀이 되어야 하지 않을까! 진리를 알았으면 그 진리를 몸으로 사는 것이야말로, 죽어서 먼지처럼 사라지는 육신의 존재가 아닌 우리가 영적인 존재임을 알아차리는 것이다. 내가 태어났다가 죽는 사람이 아니라 왔다가 가는 하늘의 존재로 이 땅을 사는 것이다.

교회에서 예배할 때는 신령하고 삶에서는 개떡같이 살아간다면 이것은 진리의 체득이 아니다. 하나님은 말씀이신데 육신이 되어 이 땅에 오셨다. 하나님이 사람이 된 것이다. 진리가 체득이 되면 그다음에는 창작이 온다. 새로운 세계를 열어 가는 것이다. 내 안에 하나님의 씨앗이 있다는 'sonship'이 체득되면 하나님의 아들이 되는 'kingship'으로 새로운 세계를 만들어 가는 것이다.

예수 그리스도의 복음은 체득의 종교이다. 율법을 체득하는 것이다. 율법을 밖으로 지키는 것이 아니라 율법을 안으로 체득하는 것이 그리스도이다. 복음은 체득이다. 체득이 아니면 복음은 지식에 불과하다. 왜냐하면 하나님을 체득한 사람만이 하나님의 아들이기 때문이다.

장애인 사역을 할 수밖에 없도록 나에게 허락하신 하나님의 말씀은 복음의 핵심이었다. 예수님이 공생애를 시작하실 때 회당에서 처음으로 선택한 말씀이다.

"주의 성령이 내게 임하셨으니 이는 가난한 자에게 복음을 전하게 하시려고 내게 기름을 부으시고 나를 보내사 포로 된 자에게 자유를, 눈 먼 자에게 다시 보게 함을 전파하며 눌린 자를 자유롭게 하고 주의 은혜의 해를 전파하게 하려 하심이라"(눅 4:18~19)

감옥에서 죽음을 기다리고 있던 세례 요한은 하나님의 아들 예수 그리스도를 세상에 알리는 통로였다. 그럼에도 불구하고 죽음 앞에서 찾아온 다양한 생각들 때문에 제자 중에서 둘을 불러 주님께 이렇게 묻게 하였다.

"오실 그이가 당신입니까? 우리가 다른 이를 기다려야 합니까?"(눅 7:19)

그 물음 앞에 예수님은 이렇게 말씀하신다.

"너희가 가서 보고 들은 것을 요한에게 전하라 소경이 보며 귀머거리가 듣고 앉은뱅이가 걸으며 나병환자가 깨끗함을 받고 죽은 자가 살아나고 가난한 자에게 복음이 전파된다 하라"(눅 7:22)

결론적으로 예수님은 '나는 사람을 살리는 일을 하고 있으니 이것을 보고 들은 대로 전하라'고 하신 것이다. 예수님께서 하시는 일은 사람들을 살리는 일, 사람들을 회복시키는 일이다.

나는 이것을 신앙의 3단계, 즉 깨달음 - 독립 - 자유로 해석해 보았다. 신앙의 첫 단계는 눈을 뜨는 깨달음이다. 내가 누구인가를 눈 뜨는 것이다. 눈 뜨는 것의 시작은 듣는 것이다. 그러므로 믿음은 들음에서 나며 들음은 그리스도의 말씀으로 시작되는 것이다(롬 10:17). 눈을 떠서 듣다 보면 내 안에 비난과 싸움이 그치고 평화가 찾아옴을 깨달을 수 있다. 내가 보는 것이 아니고 하나님의 눈이 내 안에서 본다. 내가 듣는 것이 아니고 하나님의 귀가 내 안에서 듣는다. 상처로 듣고 생각으로 듣는 것이 아니라 사실로 들으면서 듣고 듣고 듣다 보면 내 안에 평화가 이루어지는 것이다. 이것이 신앙의 첫 번째 단계인 깨달음이다.

신앙의 두 번째 단계는 독립이다. 앉은뱅이가 걸으며 홀로 서는 것이다. 의존하고 지탱하고 기대는 것에서 일어서는 것이다. 경제적인 독립, 육체적인 독립, 정서적인 독립, 정신적인 독립, 문화적인 독립, 사회적인 독립 등 일어서는 것이다.

신앙의 세 번째 단계는 자유이다. 나병 환자가 깨끗함을 받고 죽은 자가 살아나고 가난한 자가 복음을 듣는다. 이것이 신앙의 마지막 단계인 자유인 것이다.

그다음 말씀인 〈누가복음〉 7장 23절에는 "누구든지 나를 인하여 실족하지 아니하는 자는 복이 있도다" 하신 말씀이 나온다. 여기에서 '실족하지 않는다'의 또 다른 표현은 '넘어지지 않는다'는 것이다. 넘어지지 않는 자, 의심하지 않는 자, 상처받지 않는 자가 복이 있다. 우리는 말에 넘어지고 표정에 넘어지고 생각에 넘어진다. 넘어지고 넘어지면 깨지고 부서지고 고장 나고 다친다. 그러기에 복이 있는 사람은 넘어지지 않기 위해 부딪히지 않기 위해 마지막에 자유의 날개를 다는 것이다.

이 땅에서 삶의 전공 분야에서 날개를 달아 자유자재의 삶을 사는 것. 나에게 있어서는 그것이 말씀 사역이고 농아축구 사역이고 농아센터 공동체 사역이고 땀 흘려 주님의 임재를 기다리는 모든 사역일 수도 있다.

지금 부활해야 한다. 죽은 후에 천 년 만 년 부활할 것이지만 지금부터 부활해야 한다. 가고 오는 천국 이전에 지금 천국을 맞이해야 한다. 천국이 가까이 왔느니라. 예수님이 부활하셨던 것처럼 나도 부활한다. 예수가 내 안에 내가 예수 안에….

나는 부활이요 생명이니
나를 믿는 자는 죽어도 살겠고
무릇 살아서 나를 믿는 자는 영원히 죽지 아니하리라

예수님은 자신이 누구인지를 믿어 주는 사람을 찾고 계신다. 그런 사람에게 천국 열쇠를 주신다. 그런 사람에게 예수 이름이 비밀코드로 다가온다. 땅에서 매면 하늘에서도 매이고 땅에서 풀면 하늘에서도 풀린다. 하늘문은 이미 열렸다. 땅의 문이 닫혀 있을 뿐이다.

길이요
진리요

생명이 담겨져 있는

아버지의 일을 통해

눈뜨고

일어서서

자유의 날개를 달아 부활하고 싶다.

나비가 되어 날고 싶다.

오! 자유 오! 자유

나는 자유하리라.

비록 얽매였으나

나는 이제 돌아가리.

자유 주시는 내 주님께….

위에서 온 숨

　　예전에는 오뚝이처럼 넘어지면 일어나고, 넘어지면 일어나고 했었는데 머리카락이 약간씩 흰머리로 변해가는 탓인지 몸의 배터리가 방전이 되어 피로가 쉽게 회복되지 않고 있다. 마치 나사 빠진 사람처럼 늘어져 있는 모습이다. 나의 별칭인 활산(活山)의 이름 그대로 살아 있는 산… 사람들을 살려내는 삶을 살아야 하는데 몸의 연약함으로 죽은 산이 되어 지냈으니 한심한 노릇이었다.

　　나는 평소 영이 육을 다스린다고 생각했다. 영혼이 강건할 때에야 비로소 하늘의 뜻에 따라 우리의 육신을 이끌 수 있다는 것이다. 하지만 몸의 배터리 방전으로 인해 결국 몸이 영을 지배한 시간을 보냈다. 이때 나는 죽음 명상으로 물음 앞에 서게 되었다.

　　'나는 일 속에 빠져 있는 일중독의 사람일까? 지금 나의 일은 누구의 일일까? 나에게 주어진 지금의 일이 주님을 위해 죽도록 충성할 수 있는 그 일과 하나 되는 것인가? 이제 겨우 인생의 전반전을 끝냈으니 잠시 쉬었다가 멋진 인생의 후반전을 뛰어야 하지 않겠는가?'

이 시기에 나를 고뇌하게 했던 것은 이렇듯 지친 육신의 문제도 있었지만 《복음에 빚진 사람》이 출간된 이후로 나의 도움과 필요를 원하는 이들이 나에게 손짓했기 때문이었다. 이것은 나에게 마치 하나님의 시험 문제 같았다. 나는 고민했다. 지금까지 하던 것처럼 앞으로도 이렇게 선교를 하며 살아가면 되지 않을까?

선교의 첫 열매인 우즈베키스탄 농아교회 식구들을 돌보고 카자흐스탄 농아센터가 자립할 수 있도록 도우면서, 1년에 한 번씩 농아교회 리더들을 소련선교회에서 주관하는 교회 지도자 훈련에서 함께 훈련시키고, 12살의 어린이들을 MBC 꿈나무 축구대회에 초청해서 축구를 통해 또 다른 세계를 열어 주고, 국제 대회에 축구감독으로 참여하여 선수들에게 하나님 나라의 야성을 키워 주고, 세계 장애인의 날 행사를 통해 한국 장애인들이 이슬람 땅의 장애인들을 만나게 함으로 서로가 위로받고, 서로를 사랑함으로 함께 하나님 나라를 세워 가는 그런 사역을 하면서 살아가면 되지 않을까? 이것이 내가 하고 싶은 일이었다.

우즈베키스탄 농아교회는 제자인 무롯 존 전도사에게 맡겼고 카자흐스탄 농아센터 또한 하밀라 전도사를 비롯한 농아 제자들에게 맡겼다. 축구팀은 무롯 존에게 감독대행을 맡기는 등 사역들을 정리해 나갔다. 잘 자라 준 제자들이 있음에 감사하면서도 연약한 지체들의 모습을 생각하면 마음이 무겁기도 하지만 그들을 통해 하나님의 일하심을 기대하고 있다.

그리고 내가 해야만 할 일은 무엇일까? 이 무렵 나는 북한의 임주성 선수가 런던 패럴림픽에 출전한 모습을 보게 되었다. 북한은 이때 처음으로 패럴림픽에 24명의 선수단을 출전시켰다. 임주성 선수는 북한의 유일한 출전 선수로 오른쪽 팔과 다리만을 이용해 수영 50m 자유형 예선 경기에 출전했다. 지체장애 6급의 선수들과 겨루어 마지막까지 완주하고 가쁜 숨을 내쉬던 그의 눈짓이 나를 붙잡았다.

사실 나는 우즈베키스탄에서 농아들을 만나 축구를 하며 선교 사역을 시작한 이후로 통일이나 북한 사역에 대해서는 까마득하게 잊고 살아왔다. 통일이나 북한 사역, 이런 단어는 나와 전혀 상관 없는 것이었다. 그저 이슬람 땅의 장애인 사역에만 몰두했던 선교사였다. 그런데 런던 장애인올림픽에 와일드카드로, 기적적으로 출전했던 임주성 선수가 쉽사리 잊히지 않았다.

북한은 새롭게 생활체육을 권장하고 있었다. 북한에도 유소년 축구 클럽이 생겼다는 소식도 들렸다. 게다가 남북단일탁구팀으로 유명했던 북한의 탁구 영웅 리분희 서기장이 조선장애자보호연맹에서 일을 한다는 인터넷 뉴스도 접하게 되었다.

나는 자문했다.

'이런 상황 속에서 내가 할 수 있는 일이 있지 않을까? 이것이 내가 하고 싶은 일 아닐까? 이것이 내가 해야 할 일이지 않을까?'

이런 고민을 하고 있을 때 나는 대북 민간지원 단체의 도움으로 북한을 방문하게 되었다. 이때의 방문 목적은 특별히 2012년 12월 3일 세계장애인의 날 기념행사에 참석하기 위해서였다. 아무나 갈 수 없는 북한 땅이었지만 공교롭게도 나는 카자흐스탄의 영주권자라 입국이 허락되었다. 카자흐스탄 농아축구팀 국가대표 감독이었던 나는 카자흐스탄 농아체육부 소속으로 영주권을 가지고 있었던 것이다.

나는 사뭇 떨리는 마음으로 북한을 방문했다. 심양을 경유해서 고려항공 편으로 평양에 도착했다. 평양에 있는 장애자보호연맹중앙위원회 사무실과 고아원을 방문했고 황해북도 사리원에 있는 애육원과 육아원 그리고 빵 공장을 돌아보았다. 특히 UN기구 NGO 관계자들과 함께 평양의 소년궁전에서 열린 세계장애인의 날 행사에 참석했는데 그날 나는 북한의 여러 장애인들을 목격했다. 시각, 청각, 지체장애인들이었다.

'어째서 그동안 한 번도 통일이라는 것을 생각해 보지 않았을까!'

북한에 대해, 통일에 대해 너무나 무심했던 나 자신이 놀라울 뿐이었다. 북한을 돌아보며 나는 분명히 깨달을 수 있었다. 남과 북, 우리나라는 허리가 잘린 장애인 국가! 라는 사실을…. 갑자기 슬픔이 밀려왔다. 내가 할 수 있는 것이 아무것도 없어 보였기 때문이다. 무기력한 나 자신에게 화가 나기도 했다.

그날 나는 숙소 바닥을 뒹굴며 숨죽인 채 하나님께 부르짖지 않을 수 없었다. 북한에 다녀온 후에 심장의 반절을 놓고 온 느낌이었다. 홀로 편안하게 숨을 쉬고 있는 것조차 미안해졌다. 남과 북이 한숨이 아닌 큰 숨을 쉬면 얼마나 좋을까!

웃음이란 위에서 온 숨을 말한다. 바로 하늘의 숨, 하나님께서 불어 넣어 주시는 숨이 웃음인 것이다. 사람을 지으시고 생기를 그 코에 불어 넣으시니 사람이 생령이 되었다는 아버지의 숨. 하늘의 숨, 중국어 성경을 한국어 성경으로 처음 번역할 때 성령님을 '숨님'이라고 번역되었다고 한다. 얼마나 절묘한 표현인가!

북한을 다녀오며 내가 육신에 빚진 사람이요, 복음에 빚진 사람이며 숨님에 빚진 사람이라는 것을 알게 되었다.

주님이 하시네

감히, 북한 사역에 헌신하겠다는 결단은 할 수 없었다. 다만 북한을 다녀온 이후 북한의 장애인들을 돕고 싶은 마음이 나를 움직였다. 그런데 어디서부터 어떻게 접근해야 하나? 수십 년 동안 통일만을 연구해온 많은 통일연구원이 있었고 오랫동안 위험을 무릅쓰고 북한 사역을 감당해 온 귀한 사역자들이 있었다. 그에 반해 나는 북한 사역에 대해 잘 알지 못한 문외한이었다.

그래서 나는 걸음마 배우듯 통일을 배워야 했다. 통일 관련 콘퍼런스나 세미나가 있는 곳이면 열심히 듣고 배웠다. 동시에 통일을 위해 구체적으로 무엇을 어떻게 준비하고 실행할지를 연구했다. 그러는 와중에 2013년 2월 통일비전캠프와 4월 열방대학에서 주관하는 뉴코리아 서번트리더십 세미나를 통해 다섯 가지 통일연습에 대한 나의 생각을 공개적으로 발표하게 되었다.

"진짜 시합에서 이기려면 연습을 충실하게 잘하는 방법밖엔 없습니다. 남북한이 어울려서 행복하게 살려면 통일을 미리 잘 연습해야만 합니다."

내가 생각하는 통일은 거창하지 않았다. 통일에 대한 의견을 나누고 방법을 모색해 나가는 것도 중요하지만 우리 모두가 삶 가운데 '통일로 살아가는 훈련, 통일연습을 해야 하지 않을까?' 하는 것이 나의 생각이었다. 이렇듯 북한을 다녀온 이후 통일과 장애인을 위해서 일을 하라고 하나님께서 환경을 열어 주고 계셨다. 남북체육교류협회 장애인체육위원회 위원장이라는 직책을 받게 되었다. 나는 기도하지 않을 수 없었다.

"주님, 감당할 수 있는 힘을 주십시오. 주님, 제가 아니라 주님이 일하고 있음을 믿음으로 따라가게 하소서."

북한 농아축구팀 창단을 위해 다시 북한으로부터 초청을 받았다. 하나님께서는 이때 내가 만나야 할 사람들을 만나게 해 주셨다. 정말 주님이 하신다고 고백하지 않을 수 없는 만남의 연속들이 이어졌던 것이다.

그럼에도 불구하고 나의 마음은 요나 선지자와 같았다. 가슴은 북녘에서 손짓하는 소리에 응하고 있었지만 머리는 가면 안 된다고, 나를 붙들었다. 이런 와중에 The church 패트릭 형제가 나를 위해 예언기도로 응답을 해 주었다.

"등불을 든 천사들이 당신의 앞길을 환하게 비추고 있습니다. 두려워

말고 담대하게 북한의 장애인들을 일방적으로 사랑하는 아름다운 발걸음이 될 것입니다."

내가 우즈베키스탄에서 추방을 당하고 괴로워할 때 진 다니엘(YM) 할머니가 예언기도를 해 주신 지 12년이 지난 때였다. 양털시험에 응답해 주시지 않던 하나님께 서운해하던 나는 하나님 앞에 엎드러지지 않을 수 없었다.

"아이고, 하나님! 죄송합니다. 요나가 되지 않고 사람이 되겠습니다. 사람 보기에 좋은 사람으로 남지 않고 끝까지 하나님이 보시기에 참 잘했다, 칭찬받는 사람으로 남겠습니다."

나는 하나님의 격려 속에 담대하게 북한을 향해 큰 걸음을 내디뎠다. 그리고 마침내 2013년 10월 18일 평양에서 조선장애자보호연맹중앙위원회 장애인체육협회 관계자들과 만나 북한 최초의 농아축구팀을 만들기로 합의했다. 2016년까지 3년 동안 나는 북한농아축구팀을 맡으며 사실상 감독 역할을 하게 된 것이다.

매듭짓기 "I accept."

    2013년 11월 우즈베키스탄 농아축구팀이 시드니 새순장로교회(라준석 목사)로부터 초청을 받았다. 한 교회가 초청하여 우즈베키스탄 농아축구팀이 해외로, 그것도 멀리 떨어져 있는 호주로 나가게 된 것은 그때가 처음이다. 이러한 일은 감히 기대하지도 못했던 것이라 우리는 굉장히 놀라워했다.

  특별히 초청지가 호주라는 데 참 감개무량했다. 사실 오래전 호주에서 치러질 축구경기에 참가할 기회를 놓친 적이 있었다. 부끄러운 이야기이지만 심판의 터무니없는 불공정 판정에 선수들과 내가 항의하다가 그다음 경기에 출전금지를 당했기 때문이다. 그때 우즈베키스탄 농아축구팀 선수들이 얼마나 마음 아파하고 속상했는지 모른다. 그런데 하나님께서 우리 선수들의 마음을 기억하셔서 10년이라는 세월이 흐른 후 호주로 초청해 주신 것이다.

우리 우즈베키스탄 농아 축구 선수들과 농아교회 식구들이 신실하게 주를 의지하며 고난 가운데에서도 헌신하는 모습, 그 열심을 하나님께서는 알고 계셨으리라. 마치 농아들의 믿음에 더 크신 사랑으로 화답하듯 언젠가 꾸었던, 꿈꾼 자들조차 잊어버렸던 그 꿈을 이루어 주신 것이다. 하나님은 그렇게 멀리, 크게, 깊이 그리고 높이 우리를 사랑하고 계셨다.

우리는 감격 속에서 우즈베키스탄 농아선수들과 농아교회 식구들이 호주에 방문하도록 부지런히 명단을 준비하고 여러 가지 절차와 수속을 밟았다. 우리는 호주 방문자 명단을 작성하면서 우즈베키스탄에서 우리를 추방시킨 일에 결정적인 역할을 했던 갈리나를 초청하기로 했다. 한동안은 그녀에 대한 속상한 마음을 하나님께 토로할 정도로 괴로웠지만 결국 우즈베키스탄에서 카자흐스탄으로 사역지를 옮기는 것이 주의 뜻임을 받아들인 후에는 그녀를 더 이상 원망하지 않았다. 오히려 하나님의 뜻이 이루어져 나가는 데 그렇게 쓰임받은 그녀를 불쌍히 여기고 그녀를 위해 더욱 기도하게 되었다. 금번 호주 방문에는 하나님의 특별하신 계획이 있을 것 같았다.

'아, 이번 호주 방문은 우즈베키스탄 사역의 매듭짓기.'

우리는 내심 직감했다.

'감히 생각조차 못하던 호주에 가게 되다니!'

우즈베키스탄 농아들은 감격 속에서 호주 땅을 밟았다. 그리고 호주의 멋진 자연은 또 얼마나 감탄스럽던지! 중앙아시아의 메마른 모래사막 속에서 살던 우즈베키스탄 농아들은 호주의 바다를 보고 놀라워했다.

"와, 하나님께서 창조하신 자연이 이토록 엄청날 줄이야. 하나님, 참 대단하신 분이구나!"

호주에서 농아들은 처음으로 해 보는 것이 참 많았다. 농아들은 코알라와 캥거루를 만져 보고 같이 사진을 찍었다. 처음으로 비행기 타 보며 멀미하는 선수도 있었고, 처음으로 배도 탔다. 새우를 처음으로 먹어 본 사람도 있었고, 처음으로 테니스를 쳐 보기도 했다. 처음으로 경험하며 신기해하며 하나님이 준비하신 잔치를 우리는 어린아이들처럼 즐거워했다.

호주 농아축구팀과 A매치 경기도 가졌는데 우즈베키스탄이 6:3으로 승리하였다. 그리고 주일이 되었다. 우리는 시드니 새순장로교회에서 예배를 드렸다. 1부 예배가 끝나고 호주 밀알선교단(정영화 목사)의 인솔 아래에 사랑부에 잠깐 들리게 되었다. 사랑부에서는 지적장애인들이 모여서 예배를 드리고 있었다. 우즈베키스탄 농아축구팀이 우르르 들어서자 장애인들과 그들을 돌보는 도우미들이 우리를 쳐다보았다.

"안녕하세요. 우리는 우즈베키스탄이라는 나라에서 온 농아들이고 축구 선수입니다."

우리가 인사를 하는데, 뜻밖에도 키가 큰 아이 하나가 나왔다. 뭐가 좋은지 싱글벙글 웃는 얼굴에, 다 큰 아이인데도 아가처럼 턱받이를 하고 있었다. 그러고는 목사님에게 다가와 침을 뱉는 게 아닌가.

"퉤! 퉤!"

모두들 놀라서 어안이 벙벙해 하는데, 목사님은 아무렇지도 않다는 듯 껄껄 웃으며 침을 닦으셨다. 그러고는 아이를 소개해 주었다.

"얘는 민지예요. 만나는 사람마다 침을 뱉지요. 인사를 하면 반갑다고 뱉고…. 저희들끼리는 이것을 은혜의 침 세례라고 부른답니다. 저는 항상 이런 은혜를 받으며 살고 있지요."

민지는 처음 만난 우즈베키스탄 농아들을 관심 있게 보았다. 그러자 목사님이 말씀하셨다.

"그래 너도 인사해라."

민지는 기다렸다는 듯이 싱글벙글 웃는 얼굴로 농아들 한 사람 한 사람과 악수를 하고는 반갑게 침을 뱉었다. 한 줄로 서 있던 우리 우즈베키스탄 농아선수들을 민지는 한 사람씩 천천히 악수해 주었다. 마지막에 서 있던 베그조드와 악수하고 유난히 그에게는 얼싸안아 주기까지 했다. 물론 침 세례로 마무리도 해 주었다. 침 세례의 은혜가 있었던 것인지 기독교 신앙에 마음 문이 닫혀 있던 그가 눈이 충혈되도록 눈물을 흘렸다. 왜냐하면 베그조드의 집에도 민지와 똑같은 지적장애인이 있었던 것이다. 민지에게 모두들 그렇게 침 세례를 다 받고나서인지 한 명 두 명 울음보가 터지더니 농아들 모두 눈이 벌겋게 되었다.

사랑부의 모든 예배자는 우즈베키스탄 농아축구팀을 위해 기도해 주었는데, 특별히 같은 아픔을 겪고 있는 갈리나의 손자 나자르를 위해서도 기도하였다. 자기보다 더 힘든 장애인을 보면서 우리 우즈베키스탄 농아들의 마음이 움직였다.

10분이 채 될까 말까 한 아주 짧은 시간이었음에도 일만 마디의 말로도 다할 수 없는 일을 하나님께서는 지적장애인 민지를 통해 기독교 신앙에 대해 마음 문을 닫고 있던 우즈베키스탄 농아들의 마음을 감동시키셨다. 특별히 갈리나의 마음을 어루만져 주셨다.

시드니 새순장로교회의 초청을 받아 일주일을 지내며 우리 농아들은 참 많은 사랑을 받았다. 사람들의 사랑을 받으며 감동하고 하나님의 사랑을 온몸으로 느끼며 감탄했다. 그러나 그 무엇보다도 더 기쁜 것은 공항 출국장 바로 앞에서 일어난 조용한 고백이었다.

"I accept."

그동안의 기도와 사랑이 쌓이고 쌓여서 심령이 가난해지고 하나님 사랑에 감동된 갈리나가 마침내 이렇게 고백했던 것이다. 예수님을 구주로 영접했던 것이다.

우리에게 '추방'이라는 쓴맛을 경험하게 하고 우리를 힘들게 했던 갈리나가 마침내 예수님께서 당신의 모든 것을 버리고 죽기까지 낮아지셔서 건진 하나님의 귀한 진주임을 깨달았던 것이다.

공항까지 배웅나왔던 시드니 새순교회 봉사자들은 혹시 갈리나가 잘못 알아들은 것은 아닐까 하는 마음에 다시 한 번 복음을 증거하고 물었다.

"당신을 위해 십자가에서 죽으신 예수님을 구주로 영접하시겠습니까?"

그러자 갈리나는 눈물을 글썽거리며 변함없이 대답했다.

"I accept, accept."

우리는 출국장에서 갈리나가 예수님을 영접한 행복한 순간을 듣고 보았다. 우리는 너무나 벅찬 감동으로 하나님께 기쁨의 기도를 올렸다.

'하나님, 감사합니다. 우리 갈리나의 심령 가운데 뿌려진 복음의 씨앗이 살아 있으며 운동력 있는 하나님의 거룩한 말씀이 되기를 기도합니다.'

갈리나는 그렇게 우즈베키스탄 농아축구팀 사역의 커다란 막을 내리며 하나님께 올려드리는 우리의 아름다운 열매가 되었다. 그날 우리는 출국장을 빠져나가는 우즈베키스탄 농아인 한 사람 한 사람을 안아주며 축복해주었다. 그렇게 작별 인사를 하는데 얼마나 눈물이 앞을 가리던지 그때 우리는 느꼈다.

'선교는 하나님이 하신다. 선교는 교회가 한다.'

우즈베키스탄의 농아들에게 우리를 보내 주신 하나님께 다시 한 번 감사했다.

일어나 걸어가라

　　나의 북한 사역은 어찌 보면 좀 갑작스러운 일이다. 나 역시도 처음 하나님께서 주시는 마음을 받고 참 많이 갈등했었다. 내가 하고 싶은, 나의 꿈과 내가 해야 할, 하나님의 꿈 사이에서 꿈의 전쟁을 벌였다. 카자흐스탄의 선교사에서 하나님 나라의 선교사로 나의 지경을 넓히고자 하시는 그분의 뜻을 처음에는 너무도 부담스러워했던 것이 사실이다. 나와 아내, 우리 식구들도 그러할진대 어느 날 갑자기 내가 북한을 왕래하며 북측의 장애자보호연맹 관계자들을 만나서 북한 농아축구단을 만든다고 하니 주위 사람들이 얼마나 이해할 수 없었겠는가.

　　도무지 이해할 수 없어 하는 그들에게 나는 〈요한복음〉의 말씀을 이야기했다. 예수님을 믿지 않는 사람들이었지만 내가 받은 은혜, 나의 생각을 나눌 수밖에 없는 형편이었다. 나는 그들 앞에서 〈요한복음〉 5장의 말씀으로 두 시간 반 동안 간증 아닌 설교를 했다.

〈요한복음〉 5장은 이렇게 시작이 됩니다. 유대인의 명절이 되어 예수님께서 예루살렘에 올라가시다가 예루살렘 양문 곁에 히브리말로 베데스다 하는 못이 있었는데 그곳에 들르셨다. 베데스다 못에는 행각 다섯이 있고 그 안에 많은 병자, 맹인, 다리 저는 사람, 혈기 마른 사람들이 누워 있었다. 그들은 모두 고침을 받기 위해 기다리던 이들이었다. 그 베데스다 못에는 천사가 가끔 내려와 물을 움직이는데 바로 그때 가장 먼저 들어가는 사람은 어떤 병에 걸렸든지 낫게 되었던 것이다. 그런데 행각에 누워 있는 사람들 중에 38년 동안 앓고 있는 병자가 하나 있었다. 예수님께서 그 누운 것을 보시고 병이 벌써 오래된 줄 아시고 그에게 물으셨다.

"네가 낫고자 하느냐?"

병자가 대답했다.

"주여 물이 움직일 때에 나를 못에 넣어 주는 사람이 없어 내가 가는 동안에 다른 사람이 먼저 내려가나이다."

그 얘기를 들으시고 예수님께서 말씀하셨다.

"일어나 네 자리를 들고 걸어가라."

그러자 그 사람이 곧 나았다. 또한 예수님 말씀대로 자리를 들고 걸어가게 되었다(요 5:1~9).

나는 북한을 다녀오며 '북위 38도선으로 남과 북이 나뉘어 단절된 우리나라가 바로 그 38년 된 병자가 아닐까' 하는 의문을 품게 되었다. 그런데 기도하면 기도할수록 나 자신이 바로 그 38년 된 병자라는 사실을 깨닫게 되었다.

〈요한복음〉 5장에서 예수님께서는 그 38년 된 병자에게 물어본다. "너 낫고 싶냐?"

그런데 그 병자는 "네, 낫고 싶습니다" 하고 자신의 원하는 바를 분명하게 바로 말하지 않는다. "물이 움직일 때 나를 못에 넣어 주는 사람이 없어서 내가 가는 동안에 다른 사람이 먼저 내려가나이다" 하는 얘기를 변명처럼 죽 늘어놓는다. 만약 그 병자가 아프기 시작한 지 얼마 안 되었을 때 베데스다 연못에 와서 예수님을 만났다면 "네, 저 지금 당장 낫고 싶어요" 하지 않았을까. 그런데 한 해, 두 해 세월이 지나고 낫고 싶다는 강렬한 소망조차 점차 희미해진 그 모습!

그 베데스다 못에는 절뚝발이, 각양각색의 병든 자들이 있었다. 최근에 병 걸린 사람들은 낫고 싶어서 발버둥치고 안달이 났을 것이다. 1945년에 38선이, 휴전선이 그어졌을 때만 해도 금방 이산가족 된 사람들은 두고 온 처자식, 내 아버지가 보고 싶다며 하루라도 빨리 통일되어야 한다고 절규했을 것이다. 그랬던 것이 한 해 두 해 지나서 50년, 60년을 넘어 벌써 70년이 되어 버린 것이다.

북한에 가서 장애인들을 만나면서 그들을 돕고 싶어 하시는 하나님의 마음을 강하게 느끼면서도 한편으로 나 또한 이렇게 자문했다.

'내가 북한 사역을 해야 하는가? 왜 내가 해야 하지?'

사실 나는 그동안 우즈베키스탄에서, 카자흐스탄에서 농아들과 함께 하나님 나라에 믿음의 뿌리를 내리기 위해 몸과 마음을 불살랐다. 이래저래 어려운 형편이었지만 그래도 자립하기 위해 콩나물을 팔고 두부 장사도 했으며 심지어는 중국의 소상품 시장으로 유명한 이우시장을 다니면서 물건을 사다가 팔기도 했다. 그렇게 어렵게 사역자들을 키우고 우즈베키스탄과 카자흐스탄의 농아축구팀, 유소년 축구팀과 함께했다. 사실 아내나 나나 몸이 아픈 것 말고는 사역만 놓고 보면 제법 안정적인 상황이었다. 그런 때에 하나님께서는 나를 북한으로 부르셨던 것이다. 하지만 하나님의 부르심에 나는 볼멘소리를 했다.

'왜? 북한 사역을 내가 해야 하는가? 나는 지금이 좋은데…'

하지만 기도를 하면 할수록, 되어 가는 일을 목격할수록 모든 것이 아버지의 뜻임을 확신하게 되었다. 통일? 통일은 당연히 이루어져야 하는 우리 민족의 꿈이다. 게다가 남과 북이 통일되기를 나는 처음 예수 믿고 교도소에서 군복무 하던 시절부터 기도해왔다. 통일에 쓰임받기를 소원하는 마음을 기도 제목으로 붙잡기도 했다.

북한 사역? 우즈베키스탄으로 선교를 떠나기 전 러시아 선교를 염두에 두었던 것도 '언젠가 이루어질 통일을 위해 너는 무엇을 준비하는가'라는 하나님의 엄중하신 물음 때문이었다. 그랬던 것이 우즈베키스탄으로, 카자흐스탄으로 정신없이 바삐 뛰어다니다 보니 하나님께서 나에게 주셨던 귀한 하늘 씨앗을 까마득하게 잊어버리고 있었다. 그러고는 어느 날 문득 하나님께서 나를 북한으로 인도하시자 당황스러워했던 것이다.

"낫고 싶냐"는 예수님의 질문 앞에 낫고 싶다는 소망, 그 꿈을 잊어버린 채 익숙해져 버린 상황 속에서 위로하며 살아오던 38년 된 병자, 그가 바로 나라는 사실이 하나님 앞에 무릎 꿇게 만들었다. 내가 태어난 조국 대한민국이 38선이라는 허리신경이 마비된 장애인 국가. 이미 땅덩어리 자체가 장애인이 되어 버렸다.

나는 다시 한 번 〈요한복음〉 5장 말씀을 겸허한 마음으로 증거하고 있었다. 대부분의 사람은 수직적으로 움직이지 않고 횡적으로 움직인다.

"네가 낫고 싶으냐?"

예수님의 질문에 38년 된 병자는 변명하고 원망했다. 그렇게 횡적으로 움직이는 38년 된 병자에게 예수님은 수직적으로 말씀하신다.

"일어나 네 자리를 들고 걸어가라."

예수님의 말씀이 떨어지기가 무섭게 자리를 들고 일어나 걸어간 38년 된 병자처럼, 지금까지 북한과 전혀 관련 없는 사람으로 살아왔으나 수직적인 하나님의 말씀을 받아서 나 역시 지금은 북한 장애인들을 섬길 수밖에 없었다.

"저에게 만큼은 우리나라가 장애인 국가로 인식되었습니다. 중풍병자는 자기 몸이 서로 소통이 안 되는 사람이지요. 그렇게 소통이 안 되는데 한의사가 침 한 대 제대로 놓으면 혈이 뚫려서 건강이 회복되는 것처럼, '일어나 네 자리를 들고 걸어가라' 하신 예수님 말씀처럼 장애인들이 통일을 향해서 침 한 번 딱 놓는 그 도구로 사용된다면 제가 그렇게 쓰임받고 싶습니다."

예수님을 믿지 않는 사람들의 입장에서는 나의 이야기가 허황된 것으로 들릴 것이다. 안보와 연결된 무척 민감한 현상적인 사실을 영적인 관점에서 설명을 한 것이니 어쩌면 당연한 일이다. 그럼에도 나는 최선을 다해 설명을 했다. 다행스럽게도 남북한의 정치, 군사적인 여러 가지 어려운 문제들 속에서도 하나님이 인도하시는 통일호는 항구를 떠나 항해를 시작했다.

통일의 모자이크

우즈베키스탄에서 카자흐스탄으로 그리고 또다시 북한으로 이어지는 사역의 큰 전환점 가운데 새해가 밝았다.

전도사 시절 담임목사님으로 모셨던 은현교회 김정명 원로 목사님이 나에게 물으셨다.

"북한에 왜 가려고 하느냐? 북한에 가려는 이유가 뭐냐?"

북한 장애인들을 가슴에 품게 하셨던 하나님의 강권하심을 말하는 나에게 목사님은 쐐기를 박으셨다.

"북한에 왜 가려고 해? 일하려고? 아니면 사랑하려고? 일 때문에 가야만 하면 가지 말고 북한 장애인들을 사랑하려고 하면 가라!"

그리고 더욱 단호한 목소리로 말씀하셨다.

"북한에 가서 뭔가를 하려고 가면 사업가가 된다. 일을 하려고 하고 다른 사람보다 더 많이 이루려 하고 계속 일하며 자꾸 쟁취하려고 할 것이다. 그래서는 정작 북한의 형제들을 하나님의 사랑으로 섬길 수 없게 된다. 그러니 북한의 형제들을 사랑하려고 가라. 하나님의 크신 사랑의 힘으로 북한 사람들이 사랑 그 자체가 되게 하라…."

그것은 목사님의 개인적이고 인간적인 생각이 아니었다. 그것은 바로 하나님의 음성이었다. 목사님은 20년 전부터 오전 금식을 하고 있음을 고백하셨다. 통일을 생각하시면서 20년째 하루에 두 끼만 드신다는 목사님의 뜻밖의 고백에 나의 가슴이 먹먹해졌다.

은현교회 전도사로서 김정명 목사님을 모시면서 나는 독립운동을 하셨던 김구 선생님의 이야기를 간혹 들었다. 김구 선생님은 일제 식민 치하에서 나라의 독립을 위해 가족은 하나님께 맡기고 도시락 싸들고 만주 벌판을 누비던 독립운동가가 아니었던가. 그런데 목사님은 나를 비롯한 모든 성도에게 김구 선생님의 얼을 본받아 하나님 나라가 이 땅에 진격해 들어오도록 믿는 자들이 천국 독립군으로서의 정신과 각오로 살아야 함을 늘 강조하셨다.

당시 목사님은 고무신을 신고 다니셨다. 장로님이나 다른 사람들이 자동차를 사 주어도 당신은 교회 봉고차를 타면 된다고 그것을 팔아서 선교사들에게 보내 주셨다. 우리가 우즈베키스탄에 있을 때에도 그런 돈을 보내 주신 일이 있다. 목사님은 성도들에게 천국 독립군으로 사는 것을 가르쳐 주셨고 당신이 몸소 그렇게 사셨다. 어떻게 보면 김정명 목사님에게 천국 독립군의 정신과 천국 독립군으로 살아가는 삶을 전수받았기에 어느 날 갑자기 그렇게 모슬렘이자 공산권이었던 우즈베키스탄 선교에 뛰어들 수 있었던 것은 아닐까 생각해 본다.

하나님께서는 그 옛날 나에게 천국 독립군이라는 하늘의 씨앗을 심어 주셨던 김정명 목사님을 통해 또다시 북한으로 향하는 나의 발걸음 앞에 '사랑'이라는 꺼지지 않는 등불을 켜주셨다. 그날 목사님께서 해주신 귀한 말씀은 우리의 북한 사역에 가장 핵심적인 로드맵이 되었다.

'북한 농아축구팀을 어떻게 섬겨야 할 것인가?'

이것이 우리의 가장 큰 관심사가 되었다. 북한 농아축구팀이 창단되고 내가 북한 농아축구단의 감독임이 공식적으로 알려지고 승인받으면서 나는 구체적으로 북한 농아축구팀의 여러 활동을 계획하고 그런 일들이 잘 이루어지도록 일을 추진해 나가야 했다. 우리는 이제 창단된 신생팀이었지만 2015년에 대만에서 열리는 농아 아시안게임 출전을 준비하기 시작했다. 하지만 그런 대회 참가에 앞서 나는 우리 북한 농아축구팀 선수들에게 웃음을 주고 싶었다. 잘 먹이고 싶었고 열심히 훈련시키고 싶었다. 하나님의 사랑 속에서 함께 어울리며 웃으며 기쁨을 나누고 싶었다. 하지만 현실적으로 그것이 생각보다 훨씬 어려우니 마음이 더없이 뒤숭숭해졌다.

크리스천이 뿌리 내리기 어렵다는 모슬렘 땅, 중앙아시아의 우즈베키스탄과 카자흐스탄에서도 우리 가족은 농아들 속으로 파고들어가 몸으로 부대끼며 그들과 살 수 있었다. 하지만 북한의 농아들과는 정말 그것이 어려운 일임을 피부로 느끼게 되었다. 우리가 같은 형제이기에 더욱 북한에 들어가 함께 살 수 없다는 것이 얼마나 아이러니한지… 북한 사역을 하면 할수록 분단이라는 현실이 참으로 안타깝게 느껴졌다.

북한의 농아축구 선수들을 마음껏 사랑하고 섬기고 싶은데 그렇게 하지 못하는 안타까움을 동역하는 이들과 나누며 우리는 하나님께 중보기도를 해 나갔다.

"우즈베키스탄 농아축구팀처럼 북한 농아축구팀을 호주로 초청하면 어떨까?"

2013년 겨울 호주 새순교회의 초청으로 우즈베키스탄 농아축구팀이 호주를 방문한 경험이 있었다. 아름다운 호주에서 우즈베키스탄 농아들이 얼마나 큰 은혜를 만끽했던가! 나는 북한 농아축구팀의 호주 방문을 준비하기 시작했다. 하나님께서 부어 주시는 풍요와 자유 속에서 열심히 훈련하고 즐거워하는 모습이 눈에 아른거렸다. 2015년 10월 북한이 농아 아시안게임에 출전하기 위해서는 다른 팀과의 친선경기나 전지훈련도 실질적으로 필요했기 때문이다.

"그래요. 북한 농아축구팀과 호주 농아축구팀의 친선경기를 추진합시다!"

북한 농아축구팀이 호주를 방문하기까지 힘든 과정들이 기다리고 있으리라 직감하면서도 하나님께서 주시는 마음이라 그랬는지 가슴이 벌렁벌렁 뛰기 시작했다.

우리는 즉시 '북한 농아축구팀의 호주 방문'을 놓고 동역자들과 여러 기도 모임들에 기도 제목을 나누며 기도를 모았다. 이 일은 북한, 호주의 동의와 협력이 필요했다. 또한 어느 한 교회나 어느 개인의 노력만이 아닌, 여러 교회의 연합 사역이었고 많은 성도의 동역이 필요한 일이었다. 무엇보다 하나님의 얼굴이 흩어져 있는 우리를 향하시어 그 능력의 팔로 우리를 모으시고 안위해 주셔야 되는 일이었다.

나는 기도 제목을 붙잡은 것이 바로 기도 응답이라고, 그래서 그 기도대로 살라고 말하곤 한다. 맨 처음 우즈베키스탄에서 농아축구팀을 창단해서 해외 경기에 참가하고자 기도하던 때부터 지금까지 우리는 모든 환경과 여건이 갖추어져 있는 상태에서 농아축구팀 사역을 해 온 것이 아니었다. 그저 하나님께서 기뻐하시는 일이라는 믿음으로 하나님께서 인도해 주시는 대로 순종하여, 힘에 지나도록 힘을 다해서 하나님의 뜻을 쫓아가다 보니 오늘에 이른 것이었다.

북한 농아축구팀의 호주 방문과 친선 축구 경기가 이루어져 가는 과정 역시 그러했다. 우리 앞에는 첩첩 난관이 기다리고 있었다. 나는 축구감독으로 그라운드에서 농아선수들을 훈련시키기에 앞서 북한과 호주 축구 관계자들을 만나서 우리의 생각을 전하고 이야기를 듣고 여러 사항을 조율해야 했다.

호주에서는 호주대로 북한 선수들을 초청하는 일에 걸림이 있었다.

문제는 역시 '비자'였다. 2008년 북한의 핵실험에 대해 국제사회의 제재가 잇따랐을 때 호주가 그러한 국제 제재에 동참하자, 이에 반발한 북한이 호주 주재 대사관을 폐쇄해 버린 일이 있었던 것이다. 북한 대사관 철수 이후 두 나라 간 외교관계는 사실상 단절되었다. 이후 호주 정부는 북한의 고위급 관계자들은 물론 체육인과 예술인의 비자 발급 역시 일절 허용하지 않았기 때문에 북한 농아축구 선수들에게 비자가 나올지 아주 불투명했다. 우리는 기도하지 않을 수 없었다.

"하나님, 우리 북한 농아축구팀의 호주 방문을 인도해 주시어 지금까지 어디에서도 받아 본 적이 없는 하나님의 사랑을 감히 거부하지 못하도록 그렇게 아낌없이 그들을 사랑할 수 있도록 기회를 주시고. 하나님의 사랑을 받은 북한 농아축구팀이 북녘에 심기는 사랑의 밀알이 될 수 있게 해 주시고 그 밀알을 심는 데 장애인들이 힘을 모으기를 소원하는 마음을 갖도록 도와주시고 호주의 여러 교회와 성도들이 평화통일을 일구는 성령의 파수꾼이 되게 해 주옵소서."

우리는 기도하고 또 기도했다. 그리고 하나님의 인도하심을 기다리며 보여 주시는 만큼, 진행하게 하시는 만큼 한 걸음 한 걸음 나아갔다.

그런데 무엇보다 이번 북한 농아축구팀의 호주 방문에는 어마어마한 재정과 인력이 필요했다. 나는 그것들이 어떻게 충당되고 채워질지 정부와 관계자들에게 실질적인 방법을 제시해야 했다. 점점 나를 누르는 압력의 수위가 높아져 갔다. 이 모든 문제와 넘어야 할 여러 과제를 어찌 사람의 힘으로 해결할 수 있겠는가. 이 일은 처음부터 사람의 힘으로 될 수 있는 일이 아니었다.

그럼에도 현실적으로 나의 어깨에 많은 책임의 짐이 지어졌고 그것이 나를 눌러왔다. 9월의 어느 날 아침, 하나님께서 나에게 주신 통일의 숙제가 너무나 무거워서 하늘을 향해서 볼멘소리를 했다.

"제가 대통령도 아닌데… 제가 국회의원도 아닌데… 제가 시의원도 아닌데… 제가 동네 이장도 아닌데… 제가 대한민국을 제사장나라가 되도록 해야 한다는 것인가요?"

한참을 하나님께 투덜거리는데 하나님께서 가슴의 언어로 나에게 이렇게 말씀하셨다.

"네가 하나님 나라의 제사장이니까… 네가 하나님 나라의 사도이니까… 네가 하나님 나라의 선교사, 독립군이니까… 네가 하나님 나라의 거룩한 성도이니까… 네가 그 일을 해야 한다."

바로 그날이었다. 아침에 일어나서 "왜 나에게 이렇게 무거운 통일의 일을 맡기셨습니까?" 하고 하나님께 투덜거렸던 그날, 하나님의 계획에 따라 즉흥적인 만남이 이루어졌다. 네 손가락 피아니스트 이희아 자매와 우연찮게 만나서 통일을 이야기하게 된 것이다. 경남 통일교육 홍보 대사인데다 최근에 통일의 소망을 담은 책도 낸 그녀는 네 손가락이라는 장애를 딛고 피아니스트로 활약하며 하나님을 증거하는 하나님의 사람이었다. 그런데 12월에 호주에서 북한 농아축구팀과 호주 농아축구팀의 친선경기를 치르기 위해 준비하고 있다는 우리의 계획을 듣고 이희아 자매는 반색했다.

"목사님, 저도 북한의 장애인들을 만나고 싶어요. 제가 꼭 가서 응원 연주를 할 수 있게 해 주세요. 많은 사람에게 이 기쁜 소식을 전하고 친선경기를 알리는 데 최선을 다하고 싶어요."

이희아 자매가 호주에 가서 북한 농아축구단의 호주 방문을 알리고 호주의 한인들과 교회들 그리고 성도들의 마음을 모으는 데 적극 협력해 주기로 한 것이다. 그녀가 이 일을 위해 예비된 하나님께서 보내 주신 귀한 천사임을 알게 되었다.

"저는 늘 북녘에 있는 장애를 가진 형제들을 그리워하며 살아왔어요. 그래서 틈만 나면 나의 소원은 북녘의 내 조국 동포에게 시집가는 것이라고 말하곤 했답니다."

북한의 장애인 친구들을 그리워하는 마음이 날로 더해가고 소원이 깊어 가는 중이었는데 우리를 만나게 되었다며 희아 자매는 하나님께 너무나 감사했고 북한 농아축구팀을 섬기는 일에 우리와 의기투합하게 되었다. 그녀의 몸은 아주 작고 손가락도 2개씩 모두 네 손가락밖에 없었지만 그녀는 대통령보다 큰 자였다. 아침에 일어나 통일에 대한 숙제가 너무 힘들어서 어깨가 처져 있었던 나는 그날 저녁에는 통일의 열매를 보는 듯했다.

북녘밀알

　　우리의 장애인 사역의 방향은 장애인들이 하나님께서 특별히 사랑하시어 창조하신 영적인 존재임을 깨닫고 하나님 안에서 회복된 장애인들이 다른 장애인들을 섬겨나감으로써 하나님의 사랑이 흘러가게 하는 것이다. 북한 사역의 방향 역시 장애국가인 우리나라가 하나 되는 데 남녘의 장애인들이 작은 밀알이 되어 북한 농아축구팀을 비롯한 북한 장애인들을 섬겨 나가고 그런 사랑과 섬김을 받은 북한 장애인들이 통일의 밀알이 되는 것이었다. 그러한 하나님의 뜻에 더욱 많은 장애인이 작은 힘들을 모으기를 정말 원했다. 그런데 이희아 자매가 그토록 성령의 기쁨 가운데 우리의 사역에 자원하는 모습에 이미 장애인들로 인해 통일이 된 느낌이 들었다.

　　우즈베키스탄과 카자흐스탄 그리고 북한의 농아들까지 가슴에 품고 숨 가쁘게 뛰어다니는 시간들이 이어졌다. 북한을 방문해서 농아축구 팀을 돌보고 조선장애자보호련맹 측에 호주 방문 일정을 상의했다. 오늘은 이곳, 내일은 저곳…. 하나님께서 인도하시는 대로 그분이 원하시는 만큼 한 걸음 한 걸음 달려가다 보니 어느덧 북한과 호주 농아축구 팀의 친선경기 날짜가 다가왔다. 친선경기는 2014년 12월 13일 호주 시드니올림픽파크 에슬레틱 센터에서 치러질 예정이었다.

나와 아내를 비롯한 사전 준비팀은 시합 전에 호주에 먼저 들어가서 호주밀알선교단의 정영화 목사님을 비롯한 동역자들과 기도하며 여러 가지 일정을 체크하고 함께 준비해 나갔다. 친선경기가 치러질 에슬레틱 센터는 5천 석 규모의 제법 큰 경기장이었다. 장애인복지가 잘되어 있다는 호주에서조차 장애인 경기에는 100명의 관중도 모이기 어렵다며, 만약 관중 1천 명이 넘으면 그거야말로 기적이라고 했다.

며칠 후 이희아 자매가 호주로 입국했다. 우리는 에슬레틱 센터의 5천 석을 매우기 위해 호주의 한인 단체와 여러 교회들을 돌면서 밤낮으로 호소하고 연주하며 다녔다. 그녀의 훌륭한 연주와 간증이 많은 사람의 마음을 움직였다. 북한 장애인 축구 선수들이 호주에 온다는 사실에 많은 호주 교포들과 성도들이 놀라워했다. 그러면서 한편으로는 과연 이 일이 잘 성사될 것인지 의구심을 갖는 사람도 많았다. 왜냐하면 친선경기 날짜가 점차 가까워지는데도 정작 호주 정부에서 북한 농아축구팀에 비자를 발급해 주지 않았기 때문이다. 그런 와중에도 우리는 여러 집회와 모임을 통해 북한 농아축구팀과 호주 농아축구팀의 친선경기 티켓을 호주 달러로 10불에 판매해 나갔다.

북한의 동포, 그것도 하나님께서 우리에게 보내 주신 천사인 장애인 선수들이 호주를 찾아온다는 데 호주 한인 사회와 한인 교회 그리고 장애인 단체들을 중심으로 기대감이 점차 커져갔다. 그것은 잠자는 통일의 열망을 깨우는 것이었고 감추어져 있어서 이제는 꺼져 버렸다고 생각되던 형제애의 불씨를 살리는 일이었다. 하나님께서는 우리 모두의 하나 되는 마음을 원하셨던 것 같다. 북한 농아선수들의 비자를 놓고, 호주의 한인 교회들과 수많은 주의 자녀들이 한목소리로 간절히 하나님께 부르짖었다.

"하나님, 북한 농아축구 선수들에게 호주 비자 발급이 이루어지길 원합니다. 주님, 북한 농아축구팀이 평양을 떠나 따뜻한 호주로 와서 하나님의 은혜 안에 잠길 수 있도록 하늘 길을 열어 주옵소서!"

북한 농아축구팀의 호주 방문에 대한 많은 이들의 기대감이 커지자, 호주 정부와 호주 국민들도 우리의 일에 관심을 갖기 시작했다. 전 주한 호주대사 맥 윌리엄스(Mack William)를 비롯한 호주의 국회의원이 나서서 호주 정부 측에 선처를 호소했다. 그럼에도 북한 농아축구 선수들이 호주로 출발할 날이 되었는데도 비자가 나오지 않았다. 우리의 애끓는 기도는 계속되었다.

우리는 하나님 앞에 포기하지 않았다. 2013년, 우즈베키스탄 농아축구팀이 호주에 방문할 때도 비자 때문에 엄청난 고생을 했지만 결국 하나님께서 응답해 주신 경험이 있었기에 참으로 신실하신 하나님을 바라보고 우리는 결코 포기하지 않고 계속 기도해 나갔다. 그리고 마침내 북한 농아축구팀이 평양을 출발하기 4시간 전, 극적으로 비자가 발급되었다. 이 일은 호주 정부가 정말 이례적인 조처로 비자 발급을 허용해 준 역사적인 사건이 되었다. 북한 농아축구팀은 우리의 애끓는 기도 속에서 평양을 떠나 북경을 거쳐 시드니에 도착했다.

"장애인 축구대회를 개최할 수 있을까? 북한 정부가 허락을 할까? 정말로 북한의 장애인 선수들이 호주에 올까? 그 넓은 관중석을 채울 수 있을까? 비용을 어떻게 마련할 수 있을까? 과연 호주에서 비자가 나올까? 국제사회가 동조해 줄까? 교민들은 응원하러 와 줄까? 가능할까? 성공할까? 불가능해! 안 될 거야! 과연 할 수 있을까?"

많은 사람이 반신반의했다. 한 치 앞도 장담할 수 없는 상황이었기에 그저 하늘만 바라보고 부르짖지 않을 수 없었다. 그런 기도를 받고 마침내 그토록 기다리던 북한 농아축구 선수들이 시드니 공항 출국장에 모습을 드러냈다. 북한의 형제들이 눈앞에 나타나자 여기저기서 탄성이 터져 나왔다. 가슴이 뭉클해지는 순간이었다. 우리는 출국장을 빠져나오는 북한 농아들을 향해 준비한 플래카드를 높이 올리며 뜨거운 환영의 마음을 흔들었다.

'조선 농아축구단을 환영합니다.'

조선 농아축구단 환영

　　북한 농아축구팀은 시드니에서 4박 5일 머물며 훈련, 참관, 만찬 참석 그리고 친선경기 등 바쁘게 일정을 보냈다. 호주의 여러 교회에서 모인 자원봉사자들이 북한 농아축구팀의 여러 일정을 도와주었다. 그중에서 호주의 한인 청년들이 북한 농아축구 선수들이 잘 적응할 수 있도록 먼저 그들에게 다가갔다. 다른 장소로 이동하는 버스 안에서 스마트폰이나 종이와 연필을 이용해 대화를 주고받기 시작한 것이다. 현철이, 기범이, 웅철이… 공항에서 처음 만났을 때는 북한 사람이라는 선입견 때문에 짐짓 긴장했던 한인 청년들은 그들과 대화를 나누며 그들이 우리가 사용하는 한글을 쓰고, 우리와 같은 이름으로 불리는 한 핏줄, 한 형제임을 피부로 느끼게 되었다. 북한 농아선수들 역시 한인 청년들과 손짓 발짓으로 교제하는 가운데 친밀해져서인지 많은 사람의 시선과 낯선 분위기 속에서도 전혀 어색함 없이 편안하게 적응해 나갔다.

북한 농아축구팀은 후원자들로부터 후한 식사 대접을 받으며 친선 경기를 위해 열심히 훈련했다. 서로를 향해 외쳐 부를 수도, 들을 수도 없는 농아들이기에 본능에 가까운 팀워크가 필요하고 그래서 더 많은 훈련이 필요했다.

'훈련 시간이 더 있으면 좋으련만…' 하는 아쉬움이 있었다. 그럼에도 북한 농아들은 여러 불리한 상황에 굴하지 않고 주어진 시간 속에서 오히려 더 집중력을 발휘해서 훈련에 몰두했다. 그들 역시 너무나 훈련을 기다렸던 것이다. 거듭되는 훈련 속에서 우리는 북한 농아선수들의 투지를 엿볼 수 있었다. 우리는 그들의 맹렬한 야성과 투지 속에서 희망을 보았다. 하나님의 사랑하심과 돌보심으로 그 영혼들이 살아나고 회복되리라는 희망, 이들이 통일을 일구는 밀알이 되리라는 희망이었다.

마침내 2014년 12월 13일이 되었다. 북한 농아축구팀과 호주 농아축구팀의 친선경기 행사는 저녁 8시부터 시작되었다. 며칠 동안 호주는 늦여름의 장마로 내내 비가 내렸다. 그런데 경기 당일이 되자 감사하게도 시합하기에 딱 좋게 날이 아주 쾌청했다.

하지만 우리의 걱정은 계속되었다.

'사람들이 얼마나 올까?'

그런데 경기 시간이 가까워 오자 시드니 올림픽파크의 에슬레틱 센터로 관람자들이 속속 입장하는데 보는 이들마다 입이 다물어지지 않았다. 천 명이 오면 기적이라고 누가 말했던가. 100명도 안 모인다는 장애인 경기에 놀랍게도 관중석의 3분의 2가 채워진 것이다. 3,122명이라는 통계는 운동장 측에서 우리에게 보낸 내용이었다. 호주 한인들은 물론이고, 호주 현지의 공중파 방송국 취재팀을 비롯해 호주의 농아들과 호주 현지인들도 제법 많이 경기를 관람하러 찾아왔다. '사람들이 많이 보러 와야 할 텐데' 염려했던 우리는 "역시 우리 하나님은 멋진 분!"이라고 감탄하지 않을 수 없었다.

드디어 경기가 시작되었다. 이날 많은 사람이 처음으로 농아들의 축구를 보았으리라. 선수들 간에 오고가는 고성 없이, 오직 눈짓과 손짓으로 소통하는 고요하고 적막한 농아들의 축구 경기! 처음에는 이런 조용한 축구가 생소했던지 관중들이 다소 산만했다. 그러다 북한 농아 선수들이 힘차게 볼을 차고 나가며 자기들보다 머리 하나는 더 큰 호주 선수들과 격돌하자 관중들이 경기에 집중을 하기 시작했다. 북한 농아 선수들 중 드리블에 뛰어난 선수가 혼자서 공을 몰고 거의 골인 지점까지 달려가던 순간에는 모두가 숨을 죽인 채 지켜보았다.

"조금만 더 가까이 갔으면 들어갔을 텐데….'

아쉬움의 탄식이 여기저기서 터져 나왔다. 하지만 조용한 그라운드를 향해 뜨거운 응원의 메아리가 울려 퍼졌다.

"괜찮아! 괜찮아! 북한 선수 파이팅!"

경기 초반은 북한 선수들에게 공이 쏠리는 듯했다. 하지만 호주 농아축구팀은 결코 호락호락하지 않았다. 창단 35년의 역사를 자랑하는 호주 농아축구팀은 빠른 움직임과 조직력으로 경기 전체를 지배했다. 골문을 공격해 오는 호주팀의 파상공세에 북한팀의 골키퍼가 방어하느라 홀로 고군분투해야 했다. 결국 우리팀이 3골을 허용하며 전반전이 끝났다. 하프타임이 되었다. 나는 위축된 농아들의 등을 두드려 주었다.

"잘했어. 괜찮아."

북한 농아축구 선수들은 전반전 시작할 때 보이던 투지가 다소 꺾인 모습이었다. 마음처럼 잘 되지 않으니 무척이나 속상해했다. 나는 그들을 격려했다.

많은 관중이 통일 한국을 상징하는 한반도 지도 모양의 '한반도기'를 흔들며 북한 농아축구팀을 응원하고 있었다. 북한팀이 수세에 몰릴 때마다 "북한 이겨라"를 외치며 꽹과리 응원, 박수 응원 그리고 파도타기 응원으로 그들을 격려했다. 관중석에 물결치는 하늘색 한반도기들을 보노라면 이것은 축구 경기가 아니라 축제 같았다. 이것은 비단 나만의 느낌이 아니리라.

짧은 휴식 시간 동안 다시 힘을 얻은 북한 농아축구팀은 최선의 경기를 다짐하며 후반전을 위해 그라운드로 달려 나갔다. 후반전은 경기의 열기가 더욱 뜨거웠다. 주변을 넓게 보면서 패스를 굉장히 잘하는 호주 농아팀은 세 골로 앞서는 상황이었기에 자기들끼리 능숙하게 공을 주고받으며 시간을 끌었다. 그런 호주팀을 향해 북한 선수들이 위험을 무릅쓰고 과감하게 공격해 들어갔다. 후반전이 시작된 후 지치지 않는 투지로 계속 호주팀을 몰아세우던 북한 농아축구팀은 호주팀의 골문 근처에서 반칙을 얻어내어 페널티킥 기회를 잡았다. 그리고 모두가 기다려온 첫 골이 터졌다.

"골인! 골인! 골인!"

응원 온 한인들은 마치 시합에서 승리한 것처럼 기뻐 뛰며 환호성을 질렀다. 우리 북한 농아축구 선수들 역시 서로 얼싸안으며 천금 같은 한 골에 진정 기뻐했다.

첫 골에 고무된 우리는 감히 승리까지 기대하게 되었다. 그런 우리의 기대를 안고 북한 농아축구 선수들은 정말 열심히 그라운드를 누볐다. 심장이 터질 정도로 뛰고 또 뛰었다. 북한 농아선수들에게는 익숙하지 않은 인조 잔디이다 보니 미끄러지는 일도 다반사였다. 그런 와중에도 선수들은 지치지 않고 투지를 불태웠다. 북한 농아축구팀이 처절할 정도로 최선을 다하는 데다, 노련한 호주 농아축구팀 역시 필승의 기세로 경기에 임했기에 북한과 호주의 친선경기는 그 어디에서도 보기 힘든 박빙의 경기였고 특별한 감동이 있었다.

이후 호주 농아축구팀에게 한 골을 더 허용해서 호주팀과의 친선경기는 결국 4:1로 북한 농아축구팀이 아쉽게 패했다. 호주 농아축구팀은 창단 35년의 경력에 꾸준한 훈련과 국제 대회 참가 경험을 갖춘 팀이었기에 아무래도 창단 1년이 채 안 된 북한 농아축구팀에게는 힘든 상대였다. 그럼에도 북한 농아선수들의 끈질긴 투지가 빛났던 경기였다.

경기를 마치자 최선을 다한 북한 농아선수들과 호주 농아선수들은 승패와 상관없이 서로를 격려했다. 악수를 나누고 안아 주는 호주와 북한 농아들의 성숙한 모습에 관중들은 박수를 보내지 않을 수 없었다. 특별히 경기에 졌음에도 북한 농아축구 선수들은 환희와 감격 속에 진정 기뻐했다. 그들이 두 손을 모으고 머리를 숙여 사랑으로 응원해 준 관중들을 향하여 감사의 인사를 올릴 때 모두 기립한 관중들은 그라운드를 내려다보며 격려의 박수를 내려 보냈다. 한참을 그렇게 우리는 서로에게 박수를 보냈다.

그런 우리의 모습은 하나님 품 안에서, '땅에는 평화, 하늘에는 영광'을 노래하는 듯했다. 북한과 호주 농아축구단의 친선경기는 단순한 축구 시합이 아니었다. 땅에서 먼저, 묶인 매듭을 풀고, 하늘에서 땅의 단절된 관계들을 평화와 생명으로 새롭게 이어 주시는, 땅과 하늘이 한데 어우러지는 축제였다. 그 안에서 우리는 각자의 자리에서 덩실덩실 사랑의 춤을 추고 있었던 것이다.

친선경기가 끝난 다음 날인 2014년 12월 14일, 북한 농아축구팀은 호주에서의 일정들을 마무리하고 집으로 돌아가기 위해 시드니 공항으로 향했다. 북한 농아선수들의 일정을 정신없이 도와주던 많은 자원봉사자는 공항에 도착해서 그들의 출국 수속을 끝마친 후에야 새삼 이별을 실감할 수 있었다.

'이들을 언제 다시 볼 수 있을까?'

여기저기에서 헤어짐을 아쉬워하는 인사들이 오고 갔지만 어느 누구도 다시 만나자는 말을 섣불리 하지 못했다. 같은 민족, 한 형제임에도 서로 왕래할 수 없는 분단국가에서 살고 있다는 사실이 우리를 가로막았다.

"안녕히 계시디요⋯. 내 조국에 가서도 절대 잊지 못하갔시요. 형제로서 이렇게 따뜻하게 대접해 주신 점 깊이 감사 드립네다."

"그저 사랑만 받고 떠남네다. 감사함네다."

북녘 형제들의 인사에 하나둘 눈가가 촉촉해지기 시작했다. 북한 농아선수들을 위해 끝까지 호주에서의 일들을 감당해 오던 희아 자매가 끝내 눈물을 흘렸다.

"보고 싶다고 울지 말라우."

조선장애자보호련맹 리분희 서기장이 다가가 엄마처럼 그녀의 얼굴을 닦아 주며 위로했다. 헤어지는 이들의 얼굴마다 아쉬움이 역력했다. 북한 농아축구팀의 호주 방문 일정은 북경에서 비행기가 취소되어 3일간 북경에 머물다가 고려항공으로 바꿔 타고 다시 평양으로 들어가는 에피소드로 마무리되었다.

남과 북의 하늘 춤

　　우리는 남과 북, 그 어느 땅도 아닌 제3의 땅, 호주에서 짧은 시간이었지만 함께 지낼 수 있었다. 그 시간 동안 이전보다 더 많은 사람이 남과 북이 서로 다른 사람들이 아니라 같은 이름, 같은 말과 글을 사용하는 한 핏줄, 한민족임을 절감하게 되었고 이제는 사랑으로 용서하고 하나가 되면 좋겠다는 간절한 소원을 품게 되었다.

　　북한과 호주 농아축구 선수들의 친선경기날 잊히지 않는 모습이 있었다. 환호하는 관중석을 바라보던 우리의 눈에 아이들이 보였다. 어린 아이들이 하늘색의 한반도기를 들고 이리저리 무리지어 뛰어다니며 놀고 있었다. 아이들의 노는 모습에 가슴이 뭉클해졌다.

　　'아, 이것이 우리의 미래의 모습이라면… 얼마나 좋을까….'

　　언젠가 아이들 방학 때 우리 가족은 1천 피스 퍼즐 맞추기를 한 적이 있다. 방학이 되면 꼭 하고 싶어서 벼르던 일 중 하나였다. 머리로 생각했을 때는 쉬울 것 같은데, 막상 시작해 보니 비슷한 조각들이 많아 맞추기가 여간 어렵지 않았다.

"이 작은 조각이 어디에 있어야 하는 거지? 전체와 어떻게 맞춰지는 거지? 비슷한 것 같으니 살짝 바꿔 놓아볼까?"

며칠 동안 식구들이 머리를 맞대고 마침내 퍼즐을 다 맞추었는데, 어렵사리 완성한 퍼즐의 전체 그림을 바라볼 때의 그 감동이란! 우리는 그때 알았다. 작은 조각 중 어느 것 하나도 없으면 안 되는 것이었다. 그리고 비슷한 것 같아도 꼭 제자리에 들어가야만 전체 그림이 완성되는 것이었다. 한 사람의 작품이 아닌 모두가 힘을 모아 하는 협동 작품은, 할 때보다 나중에 다 해 놓고 전체를 볼 때 더 큰 감동이 있다는 것도 그때 깨달았다.

2014년 12월의 북한 농아축구팀 호주 방문과 호주 농아축구팀과의 친선경기에 바로 그런 감동이 있었다. 여러 지역에서 모인, 수많은 사람이 다양한 역할로 북한과 호주 농아축구팀의 친선경기를 준비했다. 비슷한 것 같아 살짝 빼먹고 싶은 것도 있었고, 무슨 일을 하는지도 모르며 자리를 지키는 일도 있었다. 준비가 안 된 느낌으로 시작했다는 것을 알기에 더 기도할 수밖에 없었고, 언제 어떻게 변하게 될지 몰랐기에 그야말로 5분 대기조처럼 긴장을 늦추지 않았다.

특히 북한 농아축구팀을 호주로 초청한 호주밀알선교단 식구들이 눈에 보이지 않게, 드러나지 않게 손발이 되어 가며 이 일의 밀알이 되었다. 몸이 아파 주저앉은 상태임에도 마다하지 않고 맡겨진 일을 묵묵히 해 나가는 그 마음에, 그 손길에 기도가 절로 나왔다.

호주 시드니의 여러 교회가 연합하여 믿음의 역사와 사랑의 수고와 소망의 인내를 보여 준 기회이기도 했다. 어느 누구 한 사람만의 칭찬과 드러남이 아니라 수고한 모든 사람의 헌신과 수고, 사랑, 감사, 기쁨, 기도로 이루어진 합작품이었다. 그럼에도 불구하고 무엇보다 북한 농아축구팀의 호주 방문은 처음부터 끝까지 사람의 힘이 아닌 하나님의 힘으로 이루어진 일임을 고백해 본다. 우리는 무슨 일을 한지도 모르고 그저 주어진 일을 하였을 뿐이다. 이 일은 하나님께서 친히 통일의 큰 그림 속에서 또 하나의 퍼즐을 맞추신 것이다. 앞으로도 계속해서 하나님께서 그 큰 퍼즐을 맞추어 나가실 것이다.

그분이 하실 것이다! 그리고 마침내 흩어진 조각들이 다 제자리에 맞춰져서 전체의 큰 그림을 완성했을 때의 감격을 상상해 본다. 하나님께서 이루시고 성취하실 그 거대한 장면 앞에서 우리는 그저 우리의 본성을 회복할 것이다.

땅에는 평화, 하늘에는 영광, 사람에게는 기쁨

우리는 기가 뿜어져 나오는 기쁨 속에서 덩실덩실 하늘의 춤을 출 것이다.

성경이 말하는 통일

감히 생각하지 않았는데 주님의 은혜로 북한의 장애인들과 함께 축구를 하면서 나는 과연 성경이 말하는 통일은 무엇일까를 고민하게 되었다. 많은 포럼을 다니며 통일을 배우고 숙고하며 나는 하나의 물음과 만나게 되었다.

'단일국가로의 통일이 하나님의 뜻일까?'

우리는 통일을 당연히 하나님의 뜻이라 받아들인다. 하지만 과연 그럴까? 우리가 바라는 단일국가의 형태로 위쪽(북한)과 아래쪽(남한)이 하나 되는 '통일'이 하나님의 뜻일까?

흔히 통일을 말할 때 우리는 대부분 통일국가의 설립을 목표로 하는, 정치 제도적 통일을 생각한다. 이러한 통일 논의는 필연적으로 통일국가에서 어떤 체제를 선택할 것인가가 문제가 되었다. 자유민주주의 체제냐 아니면 공산주의 체제냐의 체제 선택의 문제로 귀결되는 바람에 통일의 길은 더 요원해졌다. 둘 중에 하나가 굴복해야 하는 상황이 필연적으로 벌어질 수밖에 없기 때문이다.

이런 점 때문에 남북한 모두 그 통일 방안에 과도기적 상황을 상정(想定)하고 있다. 북한의 '낮은 단계의 고려연방제'도 그렇고, 남한의 '민족공동체 통일방안' 역시 최종적으로 남한은 자유민주주의 체제를, 북한은 사회주의 체제를 추구하고 있음을 감추고 있다. 이런 상태의 통일 논의는 항상 상대방의 흑심(黑心)을 경계할 수밖에 없다. 사회 문화적 통합을 채 이루기도 전부터 체제 경쟁이 시작되는 것이다.

그래서 통일을 말할 때 이러한 하나의 통일국가 상을 상정하지 않았으면 하는 것이 나의 생각이다. 통일은 '형제애의 회복'으로 충분하다고 나는 생각한다. 이것은 사회 문화적 통일을 말하는 것으로 오히려 이러한 자세가 실제적으로 통일을 앞당기는 길이다.

한 국가 형태의 민족 통일에 대한 성서적 증거는 없다. 다만 한 민족의 형제애의 회복으로의 통일 상이 구약에 나타나 있을 뿐이다. 이스라엘이 남북으로 분단된 때가 있었다.

솔로몬의 아들 르호보암 왕 시절인 B.C. 931년에 남 유다와 북 이스라엘로 갈라졌다. 남북 분단 시대는 북 이스라엘이 B.C. 722년에 앗수르에 의해 멸망당할 때까지 209년간 계속되었다. 그런데 놀라운 것은 이 분열 기간 동안 어느 왕이나 백성 또는 예언자가 나타나 이스라엘의 통일을 외치지 않았다는 점이다. 이스라엘은 하나님의 선택받은 백성이기에 하나가 되어야 할 충분한 이유가 있었다. 그러나 그런 노력은 전혀 없었고, 하나님도 통일의 노력에 대하여 침묵하셨다.

열 지파를 중심으로 북 이스라엘이 떨어져 나갔을 때 남 유다 르호보암은 군사 18만을 일으켜 북 왕국을 치려 했다. 그때 하나님의 감동을 받은 스마야가 이들을 만류한다. 그 과정과 이유를 성경은 이렇게 기록하고 있다.

> "르호보암이 예루살렘에 이르러 유다 온 족속과 베냐민 지파를 모으니 택한 용사가 십팔만 명이라 이스라엘 족속과 싸워 나라를 회복하여 솔로몬의 아들 르호보암에게 돌리려 하더니 하나님의 말씀이 하나님의 사람 스마야에게 임하여 이르기를 솔로몬의 아들 유다 왕 르호보암과 유다와 베냐민 온 족속과 또 그 남은 백성에게 말하여 이르기를 여호와의 말씀이 너희는 올라가지 말라 너희 형제 이스라엘 자손과 싸우지 말고 각기 집으로 돌아가라 이 일이 내게로 말미암아 난 것이라 하셨다 하라 하신지라 저희가 여호와의 말씀을 듣고 그 말씀을 따라 돌아갔더라"(왕상 12:21~24)

형제 간에 피비린내 나는 전쟁은 안 된다는 것이다. 또 분열은 하나님의 뜻이었다고 말한다. 이는 솔로몬의 잘못에 대한 하나님이 내린 심판이었다. 르호보암은 선지자의 말에 순종하여 물러간다. 물론 이후 유다와 이스라엘 사이에 전혀 전쟁이 없었던 것은 아니다. 작은 국지전이 있었지만 이는 통일 전쟁 차원이 아니었다. 오히려 아합 가문과 유다 가문이 통혼을 하기도 하였다. 최후의 일전은 북 왕국이 멸망하기 직전

북 이스라엘 왕 베가가 시리아 왕 르신과 연합하여 유다 아하스를 공격한 전쟁이었다. 불리해진 유다는 앗수르 디글랏 빌레셋에게 원병을 청한다. 이 때문에 결국 북 왕국이 망하고 유다는 속국으로 전락하는 운명을 맞고 만다. 이 전쟁 초기에 이스라엘 베가의 군대가 유다 백성을 포로로 끌고 간 일이 있었다. 그런데 이때도 오뎃이라는 선지자가 나타나 이스라엘을 책망한다(대하 28:6b~15).

남 왕국과 북 왕국은 형제 관계이다. 하나님은 이스라엘 나라가 하나나라로 통일되는 것보다는 그들이 형제 관계임을 확인시켜 주고 있다. 북 왕국이 망한 후 북 왕국의 지도층들은 앗수르의 식민정책에 의하여다른 민족들이 사는 지역으로 강제 이주된다. 남은 지도층의 일부는 남유다 왕국으로 흡수되었고, 사마리아 지역에는 가난한 이스라엘 민중들만 살게 되었다. 이곳은 타 지역에서 온 이민족이 정착하면서 혼합민족이 된다. 남 유다도 B.C. 586년에 바벨론에 의해서 망하고 그 지도층들이 포로로 끌려간다.

B.C. 538년에 고레스 칙령에 의해서 바벨론 포로로부터 귀환한 공동체는 B.C. 515년에 성전을 건축하고, B.C. 445년에 예루살렘 성벽을 건설한다. 이 과정에서 사마리아 지역에 거주하던 세력들이 성전 공동체에 함께 참여할 것을 요구하지만 귀환한 배타적 유대 공동체는 이들을 받아들이지 않는다. 이 때문에 사마리아 종교라는 것이 탄생한다. 사마리아 종교는 그리심 산에 성전을 세우고 모세오경만을 인정하였

다. 유대 공동체와 사마리아 종교 세력은 서로 앙숙처럼 갈등하며 지냈다. 〈요한복음〉에는 그 모습이 잘 묘사되어 있는데 유대인들은 사마리아 사람들을 싫어하여 갈릴리와 유대를 왕래할 때 가장 빠른 길인 사마리아를 관통하는 코스로 가지 않고 돌아서 갈 정도였다. 예수님은 이런 금기를 깨고 사마리아 여인과 대화하시며 그 여인을 구원하신다. 예수는 더 나아가 예루살렘 성전과 그리심 산 성전을 대체하는 '신령(영)과 진정(진리)'으로 드리는 예배 공동체를 제시하신다.

사마리아는 〈사도행전〉 1장 8절의 "오직 성령이 너희에게 임하시면 너희가 권능을 받고 예루살렘과 온 유대와 사마리아와 땅 끝까지 이르러 내 증인이 되리라"는 주님의 세 번째 선교 명령지가 되었다. 사마리아는 빌립에 의해서 전도되어 교회 공동체의 형제의 일원으로 받아들여졌다. 실상 유대인과 사마리아인 간의 갈등의 화해자로서의 역할을 한 것은 바로 예수와 원시교회였다. 이처럼 유구한 이스라엘 역사에서 주님의 중요 관심사는 제도적인 하나 됨이 아니라 민족 간의 심리적 경계선을 허무는 형제애의 회복에 있었다.

단일국가 통일의 비전으로 자주 언급되는 것이 에스겔의 환상이다. 에스겔은 바벨론 포로지역에서 예언한 선지자로 환상 중에 하나님께서 남북 왕조를 하나로 만들 것을 약속하신다.

"여호와의 말씀이 또 내게 임하여 이르시되 인자야 너는 막대기 하나를 가져다가 그 위에 유다와 그 짝 이스라엘 자손이라 쓰고 또 다른 막대기 하나를 가지고 그 위에 에브라임의 막대기 곧 요셉과 그 짝 이스라엘 온 족속이라 쓰고 그 막대기들을 서로 합하여 하나가 되게 하라 네 손에서 둘이 하나가 되리라… 그 땅 이스라엘 모든 산에서 그들로 한 나라를 이루어서 한 임금이 모두 다스리게 하리니 그들이 다시는 두 민족이 되지 아니하며 두 나라로 나누이지 아니할지라"(겔 37:15~22)

이는 분명히 1민족 1체제의 통일 왕국을 내다보는 비전이다. 그러나 이 비전의 강조점은 '통일'에 있는 것이 아니라 이스라엘 나라의 '회복'에 있다. 만약 이 비전이 남북 분열기에 보인 환상이라면 통일의 비전이겠지만 북 왕국이 망한지 약 150년 후의 비전이란 점에서 통일보다는 회복에 의미가 있다. 분열이 민족의 역량을 분산시키고 열방 가운데 부끄러운 모습임에는 틀림없다. 다시 회복될 나라는 이처럼 갈라지지 않은 다윗시대와 같은 강성 대국을 이룰 것이라는 환상이라 할 것이다.

민족이 단일국가를 이루는 것이 절대 선은 아니다. 성경의 관심은 체제의 하나 됨이 아니라 인류의 형제애의 회복이다. 성경은 민족 간의 차별이나 갈등은 분명히 해결하고 화해해야 한다고 가르친다. 예수님이 그러셨다. 〈에베소서〉 2장 14~16절은 이렇게 증거한다.

"그는 우리의 화평이신지라 둘로 하나를 만드사 원수 된 것 곧 중간에 막힌 담을 자기 육체로 허시고 법조문으로 된 계명의 율법을 폐하셨으니 이는 이 둘로 자기의 안에서 한 새 사람을 지어 화평하게 하시고 또 십자가로 이 둘을 한 몸으로 하나님과 화목하게 하려 하심이라"

예수님은 이방인과 유대인 간의 율법적 장벽, 심리적 장벽을 허무셨지만 이들을 정치적인 한 나라로 만드신 것은 아니다. 우리의 육신은 나라와 민족에 매여 있지만, 주 안에서 우리의 영혼은 국경을 초월한다. 가까이는 북한으로부터 멀리는 아프리카 오지의 검은 형제들까지 우리는 그리스도 안에서 하나이다. 성경에서 증거하는 형제애의 회복을 목적으로 하는 통일론은 영구 분단론으로 몰릴 수도 있다. 단일국가 체제를 이루는 통일은 성경이 증거하는 바도 아니지만 한반도 상황에서 그것은 인간이 결정할 수 있는 사안이 아니기 때문이다. 통일이 주어진다면 그야말로 그것은 하나님의 선물일 것이다. 그 과정에서 인간이 할 수 있는 최선은 상호 간의 불신을 해소하고 형제애적 차원에서 돕는 일이다.

"오직 선을 행함과 서로 나누어 주기를 잊지 말라 하나님은 이같은 제사를 기뻐하시느니라"(히 13:16)

형제애의 회복을 목적으로 하는 통일론은 단일국가 상을 상정하는 통일론이 가지고 있는 저항과 관념성을 피하고 통일에 실제적으로 기여할 수 있는 통일론이다. 이렇게 형제애를 회복하려고 노력하다 보면 어느새 우리는 통일에 가장 가까이 가게 될 것이다.

동서독의 통일 과정이 좋은 예가 될 것이다. 서독은 동방정책을 추진했지만 '통일'이라는 용어조차 사용하지 않았다. 당시 브란트 수상은 1

민족 2국가 체제를 받아들였다. 통일은 먼 장래에 이루어질 일이며, 일단은 동독 국민의 인간의 존엄성과 내면생활의 문제에만 집중하였다. 서독은 1972년부터 1989년 통일될 때까지 약 62조 6,700억 원의 현금과 물자로 지원했다. 민간 부분에서는 44조 8,800억 원이 지원되었다. 1987년 한 해 동안 150만 명의 서독인이 동독을 방문했으며, 동독으로 7,500만 통의 편지와 2,400만 건의 소포가, 서독으로는 9,500만 통의 편지와 900만 건의 소포가 전달되었다. 이미 70% 이상의 동독 주민이 서독 TV를 시청하고 있었다. 한마디로 서독의 동방정책은 '형제애의 회복'에 중심을 둔 정책이었다. 형제애가 회복된 후의 통일은 쉬운 길이 되었다.

통일에 있어서 가져야 할 우리의 자세인 형제애의 회복을 생각하면 용서와 포용이다. 용서의 한 예로 우리는 성경에서 요셉을 떠올릴 수 있다. 12명의 자식 중에서 편애를 받으며 응석받이로 자란 요셉의 반전된 인생 이야기가 〈창세기〉에서 다른 어느 인물보다 많은 분량을 차지하고 있다.

하나님은 아브라함을 부르시며 "내가 너로 큰 민족을 이루고 네게 복을 주어 네 이름을 창대하게 하리니 너는 복이 될지라 너를 축복하는 자에게는 내가 복을 내리고 너를 저주하는 자에게는 내가 저주하리니 땅의 모든 족속이 너로 말미암아 복을 얻을 것이라"(창 12:2~3)고 하셨다. 그러나 아브라함이 죽을 때는 사라를 장사하기 위하여 산 마므레

앞 헷족속 에브론의 밭 막벨라 밭만 소유하게 된다(창 23장). 한 사람으로 시작된 하나님 나라는 가나안 땅에서는 아브라함을 거쳐 이삭, 야곱을 지나기까지 하나님이 번창시키지 않으신다. 이 요셉이 애굽으로 팔려가는 고난의 인생을 겪게 하심은 한 사람을 통한 하나님의 계획하심이 있었다. 바로 '민족'이었다.

하나님 나라를 이 땅에서 샘플로 보여 주기 위해 택함받은 이스라엘 민족, 그 이스라엘 민족을 만들기 위해 요셉이 쓰임받은 것이다. 요셉이 없었더라면 기근으로 인해 가나안 땅에 살던 야곱의 식구들은 모두 아사했을 수도 있다. 하나님은 요셉을 먼저 애굽에 보내시고 야곱의 식구들을 가나안 땅에서 불러들여 애굽의 고센 땅에서 구별되어 애굽 민족과 섞이지 않게 하시며 번성하게 하신 것이다.

우리가 통일을 품고 실천하는 데 요셉을 표본으로 삼고자 하는 이유는 그의 꿈(비전)도 아니고, 애굽의 국무총리라는 높은 자리도 아니다. 요셉이 용서의 사람이었기 때문이다.

형들에게서 구덩이에 버림을 받게 되는 일, 이집트의 노예로 팔려 가는 일, 억울한 일을 당해 감옥에 들어가는 일, 감옥에서조차 도와주었던 사람들에게 잊힌 일 등 그의 인생에서 억울하고 화가 나고 이해되지 않는 많은 일을 겪었다. 이렇듯 요셉이 겪었던 수많은 억울한 일을 통해 하나님께서 하시고자 한 일이 있었던 것이다. 그것은 바로 요셉을 용서의 사람으로 만들었다는 것이다.

국무총리가 된 요셉의 상황에서 자기를 억울하게 감옥으로 몰아넣었던 보디발의 아내를 벌할 수도 있었고, 은혜를 잊어버린 떡 맡은 관원장을 괘씸죄로 벌할 수도 있었다. 또한 자기를 구덩이에 처넣고 애굽에 노예로 팔아버린 형들의 죄를 물을 수도 있었다. 하지만 요셉은 그렇게 하지 않았다. 두려워하는 형들에게 오히려 이렇게 위로한다.

> "당신들이 나를 이곳에 팔았다고 해서 근심하지 마소서. 한탄하지 마소서. 하나님이 생명을 구원하시려고 나를 당신들보다 먼저 보내셨나이다… 하나님이 큰 구원으로 당신들의 생명을 보존하고 당신들의 후손을 세상에 두시려고 나를 당신들보다 먼저 보내셨나니 그런즉 나를 이리로 보낸 이는 당신들이 아니요 하나님이시라"(창 45:5~8a)

원수 사랑에서 요구되는 인간의 기본적인 행위는 사랑의 용서이다. 통일을 바라고 통일을 꿈꾸고 통일을 준비하는 우리에게 필요한 것은 요셉의 정신, 즉 사랑의 용서가 아닐까 한다.

1998년 6월, 고 정주영 현대그룹 명예회장이 소 떼 1,001마리를 몰고 휴전선을 넘어갔던 것처럼, 나는 휠체어와 흰 지팡이 그리고 마주잡은 손짓사랑으로 38선을 통과하여 반쪽나라인 장애 국가를 건강한 나라, 하나 된 나라로 회복하는 일에 쓰임을 받고 싶다. 분단 70주년, 광복 70주년을 기억하는 단순한 숫자일 수도 있겠지만 70명의 장애인과 함께 농아들이 휠체어를 밀고 흰 지팡이의 안내를 받아 허리신경이 마비된 장애 국가의 허리를 장애인들과 함께 걷고 또 걸어서 주님의 은혜로 막힌 동맥을 뚫어 보고 싶다. 그래서 북한에 두고 온 반쪽 심장 때문에 더 이상 거친 숨을 몰아쉬지 않고 위에서 오는 평안의 하늘 숨을 내쉬고 싶다.

나는 장애인들과 함께 용서의 사람, 요셉의 마음을 품고 사람들의 가슴에 불을 던지며, 통일한국이 되어 서울과 평양에서 장애인 올림픽이 열리는 그날까지 행동하는 통일연습 5가지(통일금식, 통일예배, 통일성경, 통일저금통(통일카드), 통일독립군(통일의병)를 계속 해 나갈 것이다. 그래서 우리는 오늘도 평화한국 너머에 있을 복음적 통일한국을 바라보며 하늘 춤을 춘다. 북녘밀알 하늘 춤, 통일 춤 되어 평화한국이 이어지다.

하나님이
보낸 사람